ZUOYOU YIYANG JIEHE

做优医养结合：保障老年人权益的路径探索

BAOZHANG LAONIANREN QUANYI DE LUJING TANSUO

民政部社会福利中心课题组　编著

中国社会出版社
国家一级出版社 · 全国百佳图书出版单位

图书在版编目（CIP）数据

做优医养结合：保障老年人权益的路径探索／民政部社会福利中心课题组编著．—北京：中国社会出版社，2019．11

ISBN 978-7-5087-6243-2

Ⅰ．①做…　Ⅱ．①民…　Ⅲ．①老年人权益保障法—研究—中国　Ⅳ．①D922．74

中国版本图书馆 CIP 数据核字（2019）第 241137 号

书　　名：做优医养结合——保障老年人权益的路径探索
编 著 者：民政部社会福利中心课题组

出 版 人：浦善新
终 审 人：李　浩
策划编辑：孙武斌
责任编辑：李新涛

出版发行：中国社会出版社　邮政编码：100032
通联方式：北京市西城区二龙路甲 33 号
电　　话：编辑室：（010）58124839
销售部：（010）58124841
（010）58124842
网　　址：www.shcbs.com.cn
shcbs.mca.gov.cn
经　　销：各地新华书店

中国社会出版社天猫旗舰店

印刷装订：中国电影出版社印刷厂
开　　本：170mm×240mm　1/16
印　　张：10．25
字　　数：200 千字
版　　次：2021 年 1 月第 1 版
印　　次：2021 年 1 月第 1 次印刷
定　　价：40．00 元

中国社会出版社微信公众号

课题组

组　　长 | 甄炳亮　刘增瑞

副 组 长 | 崔　炜　张　宝

课题组成员 | 陈　曦　徐　平　赵　洁　杜　卉　任　娜

目　录

下篇　入住医养结合机构老年人权益保障

前　言

我国是世界上老年人口最多的国家，老龄化速度较快。近几年失能、部分失能老年人口大幅增加，老年人的医疗卫生服务需求和生活照料需求叠加的趋势越来越显著，老年人对包括医养结合机构在内的养老服务设施提供的健康养老服务需求日益强劲。为贯彻落实《关于推进医疗卫生与养老服务相结合指导意见的通知》（国办发〔2015〕84号）要求，做好入住医养结合机构和接受居家医养服务老年人的合法权益保障工作，受全国老龄工作委员会办公室委托，2017年、2018年民政部社会福利中心分别承担了“医养结合机构内老年人侵权纠纷与双方权益保护机制研究”和“接受居家医养服务老年人权益保障工作研究”两个课题。课题组从医养结合发展实践出发，通过政策梳理、调查问卷和互联网舆情分析，以及境外经验总结，提出促进我国医养结合发展，保障老年人和服务机构合法权益的工作建议。在课题研究报告的基础上，课题组编纂本书，希望可以为有关专家学者、政府部门、业界机构和广大老年人及家属提供参考。

上篇为居家医养服务老年人权益保障研究成果。课题组先后赴北京、山西、贵州等10个省市开展实地调研，针对老年人和养老服务机构/医疗卫生机构发放问卷并组织访谈。从政府、服务提供商、老年人等层面分析居家医养结合服务的难点及风险；借鉴了英国、日本等的相关经验，提出促进接受居家医养结合服务老年人权益保障的政策建议。居家医养结合是指以社区资源为基础，为居家的老年人提供具有一定水平的兼有医疗和养老功能的服务形式，服务内容不仅包括日常生活照料、精神慰藉、助餐助浴等养老服务，也包括健康体检、医疗保健、康复护理、陪同就医、巡诊服务、临终关怀等专业医疗服务。现阶段居家医养结合服务一方面存在发展滞后的问题，社区医养服务在数量上和质量上均不能满足大多数老年人的需求，总体呈现不足和失衡状态，另一方面国家和地方层面有关法律法规在实施过程中仍存在一些现实问题。本研究重点围绕居家医养服务“有无”问题，即制约居家医养服务的难点问题，在确保老年人能够享受到医养服务的基础上，再研究解决所提供的医养服务中出现纠纷的维权保障问题。

下篇为入住医养结合机构老年人权益保障研究成果。课题组通过对2015—2017年以来媒体报道的养老机构老年人侵权纠纷进行大数据舆情分析，并先后赴北京市、湖南省株洲市、四川省宜宾市等地实地调研，召开座谈会听取意见，对医养结合机构内老年人侵权纠纷的原因进行深层次的探讨和分析，总结了英国、美国、日本、新加坡以及我国港台地区的相关做法，为解决侵权纠纷问题提供借鉴，最后按照“全面风险管理”的闭合循环模式提出政策建议。2019年12月底，国家卫生健康委、民政部、国家中医药管理局联合发布的《医养结合机构服务指南（试行）》指出，医养结合机构指兼具医疗卫生资质和养老服务能力的医疗机构或养老机构，主要为入住机构的老年人提供养老、医疗、护理、康复、辅助与心理支持等服务。因受项目前期研究周期限制，本研究所指的医养结合机构泛指直接或间接提供医疗服务的养老机构，包括以下4种类型：一是与周边的医疗卫生机构开展多种形式协议合作的养老机构；二是申请开办老年病医院、康复医院、护理院、中医医院、临终关怀机构等的养老机构；三是二级以上综合医院（含中医医院）与养老机构开展对口支援、合作共建，建设的多种方式的医疗养老联合体；四是内设医务室或护理站等的养老机构。因此，本研究所指医养结合机构的内涵和外延基本等同于养老机构。

本书的写作和出版，得到了中国老龄协会权益保护部的指导和项目资助。另外，中国社会出版社的大力支持是本书得以顺利出版的关键，孙武斌、李新涛编辑为本书做了细致的编辑工作。对此，我们一并表示由衷的感谢！

本书内容由专家学者研究形成，不代表民政部官方观点。由于医养结合发展迅速，养老服务研究未有穷期，加之课题组成员水平所限，书中难免会有疏漏之处，敬请广大读者批评指正。

民政部社会福利中心课题组

2020.10.20

上篇

接受居家医养服务的老年人权益保障

第一章　接受居家医养服务老年人权益保障法律法规及政策层面分析

一、接受居家医养服务老年人权益保障的主要法律法规及政策综述

我国历来重视老年人权益保障，近年来，全国人民代表大会及常委会、国务院及其所属部门以及地方各级政府制定颁布的有关老年人权益保护方面的法律法规和规章制度陆续出台，逐步形成了以《中华人民共和国宪法》（以下简称宪法）为核心，以《中华人民共和国老年人权益保障法》（以下简称老年人权益保障法）为主体，以《中华人民共和国民法通则》《中华人民共和国消费者权益保护法》等有关法律、部门规章、地方性法规、地方政府规章以及政策性文件为支撑的老龄法律法规政策体系框架，为老年人权益保障提供了基本的法律依据。具体来讲，主要有以下几个方面。

（一）宪法层面的规定

宪法是我国的根本大法，在我国的法律体系中具有最高的地位，宪法第二章公民的基本权利和义务中第四十五条规定："中华人民共和国公民在年老、疾病或者丧失劳动能力的情况下，有从国家和社会获得物质帮助的权利。国家发展为公民享受这些权利所需要的社会保险、社会救济和医疗卫生事业。"第四十九条规定："……禁止破坏婚姻自由，禁止虐待老人、妇女和儿童。"宪法从根本法的角度对老年人权益保障作出了明确规定，为居家医养老年人权益保障奠定了基础。

（二）相关法律层面的规定

老年人权益保障法中，对老年人家庭赡养与扶养、社会保障、社会服务、社会优待、宜居环境、参与社会发展、法律责任等方面进行了详细规定。

关于社区居家医养服务作出明确规定的条款主要有：第三十条、第三十七条、第三十八条以及第五十条。其中第三十条规定："国家逐步开展长期护理保障工作，保障老年人的护理需求。对生活长期不能自理、经济困难的老年人，地方各级人民政府应当根据其失能程度等情况给予护理补贴。"第三十七条规定："地方各级人民政府和有关部门应当采取措施，发展城乡社区养老服务，鼓励、扶持专业服务机构及其他组织和个人，为居家的老年人提供生活照料、紧急救援、医疗护理、精神慰藉、心理咨询等多种形式的服务。对经济困难的老年人，地方各级人民政府应当逐步给予养老服务补贴。"第三十八条规定："地方各级人民政府和有关部门、基层群众性自治组织，应当将养老服务设施纳入城乡社区配套设施建设规划，建立适应老年人需要的生活服务、文化体育活动、日间照料、疾病护理与康复等服务设施和网点，就近为老年人提供服务……"第五十条规定："……鼓励为老年人提供保健、护理、临终关怀等服务。国家鼓励医疗机构开设针对老年病的专科或者门诊。医疗卫生机构应当开展老年人的健康服务和疾病防治工作。"

对老年人权益保障作出明确规定的条款，主要有第四十八条、第五十六条、第七十三条以及第七十九条。其中第四十八条规定："养老机构应当与接受服务的老年人或者其代理人签订服务协议，明确双方的权利、义务。养老机构及其工作人员不得以任何方式侵害老年人的权益。"第五十六条规定："老年人因其合法权益受侵害提起诉讼交纳诉讼费确有困难的，可以缓交、减交或者免交；需要获得律师帮助，但无力支付律师费用的，可以获得法律援助。鼓励律师事务所、公证处、基层法律服务所和其他法律服务机构为经济困难的老年人提供免费或者优惠服务。"第七十三条规定："老年人合法权益受到侵害的，被侵害人或者其代理人有权要求有关部门处理，或者依法向人民法院提起诉讼。人民法院和有关部门，对侵犯老年人合法权益的申诉、控告和检举，应当依法及时受理，不得推诿、拖延。”第七十九条规定：“养老机构及其工作人员侵害老年人人身和财产权益，或者未按照约定提供服务的，依法承担民事责任；有关主管部门依法给予行政处罚；构成犯罪的，依法追究刑事责任。”

此外在其他法律方面，《中华人民共和国民法总则》第一百二十八条规定：“法律对未成年人、老年人、残疾人、妇女、消费者等的民事权利保护有特别规定的，依照其规定。”《中华人民共和国民法通则》第一百零四条第一款规定：“婚姻、家庭、老人、母亲和儿童受法律保护。残疾人的合法权益受法律保护。”

《中华人民共和国消费者权益保护法》第四十九条规定：“经营者提供商品或者服务，造成消费者或者其他受害人人身伤害的，应当赔偿医疗费、护理费、交通费等为治疗和康复支出的合理费用，以及因误工减少的收入。造成残疾的，还应当赔偿残疾生活辅助具费和残疾赔偿金。造成死亡的，还应当赔偿丧葬费和死亡赔偿金。”《中华人民共和国社会保险法》第二条规定：“国家建立基本养老保险、基本医疗保险、工伤保险、失业保险、生育保险等社会保险制度，保障公民在年老、疾病、工伤、失业、生育等情况下依法从国家和社会获得物质帮助的权利。”

《中华人民共和国侵权责任法》第七条规定：“行为人损害他人民事权益，不论行为人有无过错，法律规定应当承担侵权责任的，依照其规定。”第十六条规定：“侵害他人造成人身损害的，应当赔偿医疗费、护理费、交通费等为治疗和康复支出的合理费用，以及因误工减少的收入。造成残疾的，还应当赔偿残疾生活辅助具费和残疾赔偿金。造成死亡的，还应当赔偿丧葬费和死亡赔偿金。”第二十一条规定：“侵权行为危及他人人身、财产安全的，被侵权人可以请求侵权人承担停止侵害、排除妨碍、消除危险等侵权责任。”这些法律规定在一定程度上也都为老年人权益保障提供了重要的法律支撑和依据，是老年人权益法律保障的重要组成部分。

（三）地方性法规层面的规定

全国（除港澳台外）大部分省（自治区、直辖市）依据国家有关法律层面的规定，陆续颁布了如《老年人权益保障条例》《中华人民共和国老年人权益保障法》实施办法等地方性法规，使老年人的权益保障有法可依。此外在我国老年人权益保障法修订后，各地也陆续对原有的条例、办法进行了修订并重新颁布。

表 1-1 新修订地方性法规

河北省老年人权益保障条例	山西省实施《中华人民共和国老年人权益保障法》办法
内蒙古自治区老年人权益保障条例	安徽省实施《中华人民共和国老年人权益保障法》办法
辽宁省老年人权益保障条例	江西省实施《中华人民共和国老年人权益保障法》办法
吉林省老年人权益保障条例	湖北省实施《中华人民共和国老年人权益保障法》办法
黑龙江省老年人权益保障条例	湖南省实施《中华人民共和国老年人权益保障法》办法
上海市老年人权益保障条例	广西壮族自治区实施《中华人民共和国老年人权益保障法》办法
江苏省老年人权益保障条例	海南省实施《中华人民共和国老年人权益保障法》若干规定
福建省老年人权益保障条例	陕西省实施《中华人民共和国老年人权益保障法》办法
山东省老年人权益保障条例	
河南省老年人权益保障条例	
重庆市老年人权益保障条例	
四川省老年人权益保障条例	
贵州省老年人权益保障条例	
甘肃省老年人权益保障条例	
青海省老年人权益保障条例	
宁夏回族自治区老年人权益保障条例	

其中，《上海市老年人权益保障条例》第三十五条规定：“各级人民政府应当通过购买服务、委托运营等方式，发展社区养老服务，扶持专业服

务机构以及其他组织和个人，为居家的老年人提供生活照料、紧急救援、医疗护理、精神慰藉、心理咨询等多种形式的服务。乡、镇人民政府和街道办事处应当整合社区服务资源，通过社区综合为老服务平台，促进服务与需求信息的对接，方便老年人就近获取多样化的社区综合服务。乡、镇人民政府应当扶持发展互助式养老等适合农村特点的养老模式。农村集体经济组织可以利用集体所有的房屋、设施等，为村民就近提供养老服务。养老机构可以利用自身设施和服务资源，为社区老年人就近提供生活照料、生活护理、精神慰藉等服务，为老年人的家庭成员或者家政服务人员提供生活照料、生活护理等技能培训，向社区居民传授为老年人服务的专业知识。”

《福建省老年人权益保障条例》第二十三条规定：“医疗卫生机构应当为老年人特别是高龄、重病、半失能、失能老年人诊疗提供优先就诊、取药、结算等便利条件，不得拒绝诊治。鼓励医疗卫生机构减免老年人普通门诊挂号费和特困老年人诊疗费，提倡为老年人义诊。支持各类医疗卫生机构为老年人提供多形式的健康服务。社区卫生服务中心（站）、乡镇卫生院、村卫生室等基层医疗卫生机构应当为辖区内老年人提供签约式医疗卫生服务，开展上门巡诊、中医诊疗、健康教育咨询，以及设立家庭病床等服务。”第四十三条规定：“县级以上地方人民政府应当建立健全居家社区养老服务体系，制定相关政策，合理配置社区养老服务设施，加强对居家社区养老工作的统筹协调和监督管理。乡（镇）人民政府和街道办事处应当组织引导各类社会组织和个人依托社区资源，建立居家社区养老服务平台，为老年人居家社区养老提供生活照料、医疗护理、精神慰藉、紧急救援等服务。”第四十五条规定：“创新居家社区养老服务模式。地方各级人民政府应当推动移动互联网、云计算、物联网、大数据、人工智能等与养老服务业结合，对接户籍、医疗、社会保障等信息资源，促进养老服务公共信息资源向各类养老服务机构开放。支持社会力量设立社区综合服务信息平台，连接各类专业化服务组织，推行全省统一的养老服务专用号，开展无线呼叫服务、远程监控、紧急救援等，为老年人提供助餐、助行、助医等服务。”这些规定均明确了社区居家医养服务以及相关老年人的权益保障。

各地也陆续颁布了养老服务专项地方性法规，如《北京市居家养老服务条例》《上海市养老机构条例》以及《天津市养老服务促进条例》等法规，对居家医养服务、机构养老服务、养老服务设施建设、养老服务人员、服务保障以及养老服务监督管理与法律责任等相关内容作出了明确的规定。如《北京市居家养老服务条例》第三条规定："居家养老服务应当以居住在家老年人的服务需求为导向，坚持自愿选择、就近便利、安全优质、价格合理的原则……"第十四条规定："要为老年人建立健康档案，提供健康指导服务，开展社区家庭医生式服务以及为老年人提供签约式医疗卫生服务。"其他省市的养老服务法规也均对居家医养服务作出了相关的规定和说明，这些养老服务地方性法规为老年人的权益维护提供了重要的法律依据和支撑。

表 1–2　养老服务地方性法规

北京市居家养老服务条例	沈阳市居家养老服务条例
上海市养老机构条例	青岛市养老服务促进条例
天津市养老服务促进条例	德州市养老服务条例
山东省养老服务条例	南京市养老服务条例
河北省居家养老服务条例	苏州市居家养老服务条例
江苏省养老服务条例	杭州市居家养老服务条例
浙江省社会养老服务促进条例	宁波市居家养老服务条例
广东省养老服务条例	合肥市居家养老服务条例
海南省养老机构管理条例	铜陵市居家养老服务条例
甘肃省养老服务条例	芜湖市居家养老服务条例
宁夏回族自治区养老服务促进条例	南昌市养老服务条例
贵州省养老服务条例（草案）	成都市养老服务促进条例
	西安市养老服务促进条例
	乌鲁木齐市居家养老服务条例
	深圳经济特区养老服务条例（草案）

在地方政府规章方面，全国各省市也通过制定老年人优待办法等规章对老年人权益进行保障。如河北、陕西、贵州、江苏、广东、福建等省市先后制定了保障老年人权益的老年人优待办法。如《河北省老年人优待办法》第十二条规定："县级以上人民政府及其有关部门应当鼓励、支持医疗

机构和其他有关机构采取下列措施，为老年人提供卫生保健优待服务……城镇社区和乡村的基层医疗机构为本地六十五周岁以上的常住老年人，免费建立健康档案和提供健康指导，每年提供免费体格检查，并为行动不便的老年人提供巡回医疗、上门诊疗或者开设家庭病床等服务。"《广东省老年人优待办法》第八条规定："……完善以居家为基础，社区为依托，机构为支撑的养老服务体系。鼓励、扶持专业服务机构及其他组织和个人，为居家的老年人提供生活照料、紧急救援、医疗护理、精神慰藉、心理咨询等多种形式的服务……"

这些地方行政法规条例是老年人权益保障法律体系框架的重要组成部分，不仅健全了老年人权益保障的法律法规体系，而且为接受社区居家医养服务的老年人权益保障提供了有力支撑。

（四）其他政策性文件层面的规定

国务院及其所属部门也非常重视社区居家医养服务中老年人权益的保障问题，出台了相关的政策性文件，大多以意见、通知等形式出现。如《国务院办公厅关于制定和实施老年人照顾服务项目的意见》（国办发〔2017〕52号）提出，根据经济社会发展水平细化照顾服务项目，合理确定照顾服务的对象、内容和标准，兼顾不同年龄特点，重点关注高龄、失能、贫困、伤残、计划生育特殊家庭等困难老年人的特殊需求；发展居家养老服务，为居家养老服务企业发展提供政策支持。鼓励与老年人日常生活密切相关的各类服务行业为老年人提供优先、便利、优惠服务。大力扶持专业服务机构并鼓励其他组织和个人为居家老年人提供生活照料、医疗护理、精神慰藉等服务。鼓励和支持城乡社区社会组织和相关机构为失能老年人提供临时或短期托养照顾服务。

《国务院办公厅关于全面放开养老服务市场提升养老服务质量的若干意见》（国办发〔2016〕91号）要求，补齐短板，将养老资源向居家社区服务倾斜，向农村倾斜，向失能、半失能老年人倾斜。强化监管，优化环境。完善监督机制，健全评估制度，推动行业标准化和行业信用建设，加强行业自律，促进规范发展，维护老年人合法权益。推进居家社区养老服务全覆盖。开展老年人养老需求评估，加快建设社区综合服务信息平台，对接供求信息，提供助餐、助洁、助行、助浴、助医等上门服务，提升居家养老服务覆盖率和服务水平。依托社区服务中心（站）、社区日间照料中心、卫生服务中心等资源，为老年人提供医疗、护理等专业性服务。鼓励建设小型社区养老院，满足老年人就近养老需求，方便亲属照护探视。加强农村敬老院建设和改造，推动服务设施达标，满足农村特困人员集中供养需求，为农村低收入老年人和失能、半失能老年人提供便捷可及的养老服务。鼓励社会工作者、社区工作者、志愿服务者加强对农村留守、经济困难、鳏寡、独居老年人的关爱保护和心理疏导、咨询等服务。充分依托农村基层党组织、自治组织和社会组织等开展基层联络人登记，建立应急处置和评估帮扶机制，关注老年人的心理、安全等问题。

《国务院办公厅转发卫生计生委等部门关于推进医疗卫生与养老服务相结合指导意见的通知》（国办发〔2015〕84 号）提出，到 2020 年，符合国情的医养结合体制机制和政策法规体系基本建立，医疗卫生和养老服务资源实现有序共享，覆盖城乡、规模适宜、功能合理、综合连续的医养结合服务网络基本形成，基层医疗卫生机构为居家老年人提供上门服务的能力明显提升。推动医疗卫生服务延伸至社区、家庭。充分依托社区各类服务和信息网络平台，实现基层医疗卫生机构与社区养老服务机构的无缝对接。结合基本公共卫生服务的开展为老年人建立健康档案，并为 65 岁及以上老年人提供健康管理服务，到 2020 年，65 岁及以上老年人健康管理率达到 70%以上。鼓励为社区高龄、重病、失能、部分失能以及计划生育特殊家庭等行动不便或确有困难的老年人，提供定期体检、上门巡诊、家庭病床、社区护理、健康管理等基本服务。

《关于深入推进医养结合发展的若干意见》（国卫老龄发〔2019〕60 号）提出，强化医疗卫生与养老服务衔接。制定医养签约服务规范，鼓励养老机构与周边的医疗卫生机构开展多种形式的签约合作。实施社区医养结合能力提升工程，社区卫生服务机构、乡镇卫生院或社区养老机构、敬老院利用现有资源，内部改扩建一批社区（乡镇）医养结合服务设施，重点为社区（乡镇）失能失智老年人提供集中或居家医养结合服务。充分利用现有健康、养老等信息平台，打造覆盖家庭、社区和机构的智慧健康养老服务网络，推动老年人的健康和养老信息共享、深度开发和合理利用。推进“放管服”改革，加强医养结合服务监管。加大政府支持力度，优化保障政策。研究出台上门医疗卫生服务的内容、标准、规范，完善上门医疗服务收费政策，为开展上门服务提供保障。加强队伍建设，支持医务人员到医养结合机构执业。

二、居家医养服务老年人权益保障在法律法规及政策层面存在的问题

无论是国家层面的法律法规、规范性文件还是地方政府行政规章都始终以全面保障老年人合法权益为目标，积极推动居家医养服务、老年人权益保障事业的发展。但从实际效果来看，现行的法律法规及政策在实施过程中仍存在一些现实问题。

（一）法律法规有待完善和细化

在国家法律层面，当前我国保障老年人权益的法律制度建设取得了重大的进展，初步建立了保障老年人权益的法律制度框架，但专门性的保障老年人权益的法律仅《中华人民共和国老年人权益保障法》一部，地方行政法规也较多是依据老年人权益保障法制定修改的条例、办法，缺少具体的实施细则。

相关法律法规对老年人权益保障进行了原则性的规定，具体内容和范围还有待进一步细化。如老年人权益保障法第三十八条规定："地方各级人民政府和有关部门、基层群众性自治组织，应当将养老服务设施纳入城乡社区配套设施建设规划，建立适应老年人需要的生活服务、文化体育活动、日间照料、疾病护理与康复等服务设施和网点，就近为老年人提供服务……"对社区居家上门服务内容和范围、服务主体与服务客体的权利与义务，如对失能失智老年人提供护理服务过程中可能产生的安全隐患、上门助医服务的纠纷隐患未作出明确界定和规范。

此外，随着我国经济水平的提高和社会生活的日新月异，养老服务的提供以及老年人的需求都发生了巨大的变化，普适性的、原则性的法律规定已经无法满足不同老年群体权益的需要，在应对老年人权益保障的复杂、多样的新情况时，迫切要求相关政策制度的细化和完善。如当前互联网技术不断发展，社区居家上门医疗服务可以与互联网技术深度融合。但是远程医疗的应用也存在风险和弊端，需要相关法律法规在应对医疗风

险、纠纷隐患以及规范医生与服务对象的职责和义务等方面作出配套规定和要求。

（二）政策制定有待协同和创新

从实地调研来看，目前的法规政策制定有待进一步协同完善。如在社区居家医养服务方面，《中共中央国务院关于深化医药卫生体制改革的意见》（中发〔2009〕6号）强调，“转变社区卫生服务模式，不断提高服务水平，坚持主动服务、上门服务，逐步承担起居民健康‘守门人’的职责”。《城市社区卫生服务机构管理办法（试行）》和《城市社区卫生服务中心（站）基本标准》规定，社区卫生服务中心机构应当提供包括家庭出诊、家庭护理、家庭病床等上门服务，社区卫生服务中心的医护人员开展上门医疗服务具有现实的可行性和合理性。《中华人民共和国执业医师法》第十四条规定，医师经注册后，可以在医疗、预防、保健机构中按照注册的执业地点、执业类别、执业范围执业，从事相应的医疗、预防、保健业务。未经医师注册取得执业证书，不得从事医师执业活动。然而根据《医师执业注册暂行办法》，执业地点是指医师执业的医疗、预防、保健机构及其登记注册的地址。虽然国家鼓励执业医师上门医疗，但是相关部门同时又规定执业医师不能在患者家中开展诊疗行为，二者相互矛盾，造成冲突。

又如，根据国家《处方管理办法》第八条规定，经注册的执业医师在执业地点取得相应的处方权，因此即使医生上门服务，面对需要救助的患者，也无权为其开具医疗处方。再如，针对上门医疗服务过程中患者家庭产生的医疗废物处理、家庭环境消毒灭菌问题，有关部门未制定针对性的规章制度。已有的《医疗废物管理条例》《消毒管理办法》等法规也主要针对医疗机构，而未对患者家庭这一特殊环境作出明确规定，由此也对上门医疗造成阻碍。相关政策制度、法律规定前后之间缺乏协同，医养服务实践与法律法规要求不相符合，一定程度上影响了居家医养结合的深入推进。因此，在法律法规和相关政策制定过程中应该加强部门间沟通和协调，否则各责任主体在老年人权益保护上的重视程度和扶持力度上会存在差异，不利于在居家医养服务过程中保障老年人权益。

政策制定也应注重创新，国务院《关于加快发展养老服务业的若干意见》提出，要运用互联网、物联网等技术手段创新养老服务模式，各地相关政策也对创新养老服务模式作出规定，如 2017 年修订的《福建省老年人权益保障条例》第四十五条规定："创新居家社区养老服务模式。地方各级人民政府应当推动移动互联网、云计算、物联网、大数据、人工智能等与养老服务业结合……"这一政策一定程度上契合了时代要求，把握了发展方向，有一定的创新，但未出台相应的实施细则，还需要进一步的完善和细化。如互联网医护平台在提供医疗服务过程中除传统医患法律关系外，还涉及多方法律关系主体，包括互联网医疗平台建设方、平台提供方与医疗机构之间的法律关系，平台建设方、平台提供方与老年患者之间的关系等，因此互联网等新技术的应用也带来了潜在的新型医患纠纷风险，当老年患者权益受侵害时，应向哪个主体提出法律赔偿、赔偿责任如何确定等都要求完善法律法规与政策制度的制定和创新。

三、居家医养服务老年人权益保障法律法规及政策层面的对策及建议

针对上述问题，应从完善法律制度设计、细化法规内容、增强政策协同以及注重创新等方面着手，全面强化老年人权益保障，推动建立符合中国国情的老年人权益保障机制。

（一）完善法律创制

制定与老年人权益保障法相适应的单行法规与实施细则，如参照日本、韩国、英国等国的养老服务与老年人权益保障法律体系，并结合我国具体实际制定养老服务促进法、老年人护理保险法、社区养老保障法以及护理人员保障条例等法律法规和制度规定，使老年人的社会福利、医疗保健以及养老服务人员的保险福利等具体权益项目更加具有法律保障。

（二）细化法规内容

在立法过程中，对医养服务主体与服务对象的职责和义务、具体服务项目、风险隐患预防、纠纷仲裁等具体内容作出界定和规范，使其成为提供服务的权威依据，成为老年人维权的重要支撑，成为统一行业标准，规

范市场秩序，提升服务质量以及保障养老服务双方权益的重要手段。

（三）增强政策协同

在老年人权益保护方面的重视程度和扶持力度上要相互协调和统一，如针对上门医疗服务中执业医师执业点和处方权的问题，民政部门要与卫生健康部门在政策制定上重视跨领域的横向政策协同，在鼓励上门医疗服务的基础上，允许医师以老年患者家庭作为执业点以及对上门服务处方权限作出明确规定，从而增进各部门政策的互补性，实现上门医疗政策整体效果的最大化。

（四）创新制度设计

相关法规政策的制定要把握时代要求和发展方向，适应养老服务发展以及老年人权益保障的新问题、新情况。如密切关注互联网、云计算、物联网、大数据、人工智能等新兴技术在养老服务中的作用，同时重视防范潜在的风险，在法律层面加强监管，通过制度建设和政策创新来推动养老服务的发展，有效保障老年人的合法权益。

第二章　基于问卷分析接受居家医养服务老年人的权益保障

为了更好地研究接受居家医养服务老年人的权益保障问题，我们编制了调查问卷。调查问卷从供需角度分为两个部分，一部分是针对养老服务供给方即养老服务机构和医疗卫生机构的调研问卷，参与本次问卷调研的有北京、山西、贵州等10个省（自治区、直辖市）的部分机构负责人，回收有效问卷161份。另一部分是针对需求方即老年人的调研问卷，参与本次问卷调研的有北京、山东、贵州等6个省（自治区、直辖市）的老年人代表，回收有效问卷117份。

一、养老服务机构和医疗卫生机构问卷分析

（一）机构基本情况

1. 性别

如图2-1所示，在填写本问卷的机构工作人员中，女性较多，占比61.49%，男性比例相对较小，占比38.51%。

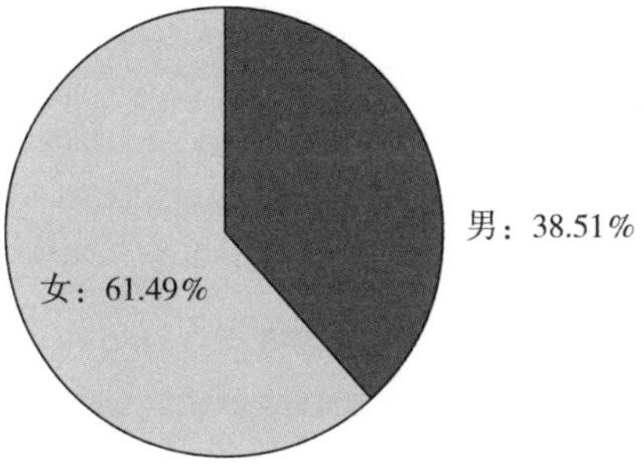

图2-1　机构人员性别比例

2. 年龄

如图 2-2 所示，参加问卷填写的机构人员主要分布在 20—59 岁年龄段。其中，29. 19%的机构人员处在 40—49 岁年龄段，占比相对较高，60 岁及以上人员占比（5. 59%）较少，其他年龄段分布较为平均。

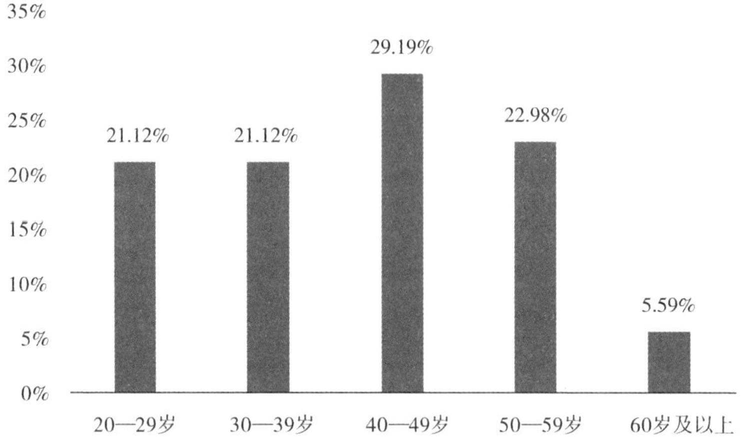

图 2-2　机构人员年龄比例

3. 职务

如图 2-3 所示，本次问卷的主要填写者为养老机构院长（副院长），有 51 位院长或副院长参与问卷填写中，占比 31. 68%。康复治疗师和护士填写人数较少，所占比例分别为 1. 24%和 3. 73%。

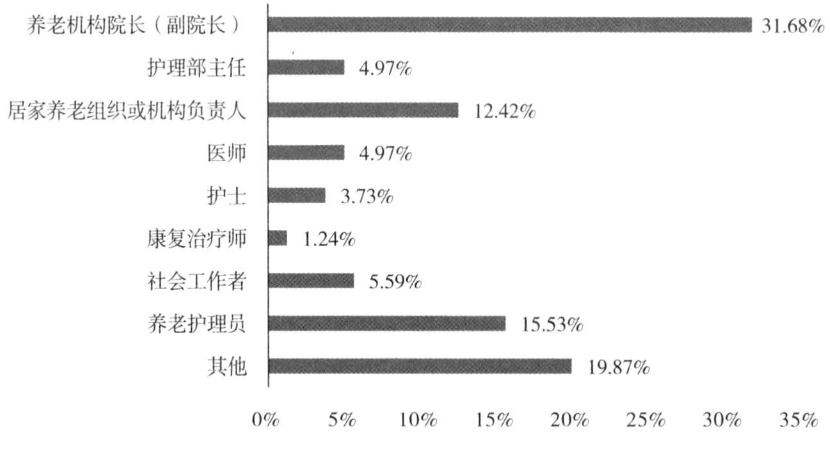

图 2-3　机构人员职务所占比例

4. 从业时长

如图 2-4 所示，填写问卷的机构工作人员中，从业 1—2 年的机构人员所占比例为 34%；从业 3—5 年的机构人员所占比例为 29%；从业 6—10 年的机构人员所占比例为 13%；从业 10 年以上的机构人员所占比例为 24%。

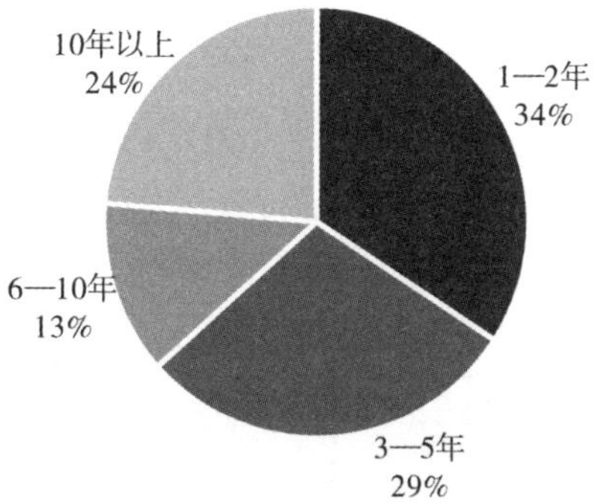

图 2-4 机构人员从业时长占比

5. 机构类型

如图 2-5 所示，从机构类型来看，161 位受访者中，在养老机构工作的人员最多，有 89 人，占比达到 55.28%；其次是日间照料中心、养老驿站等，有 41 人，占比 25.47%；社区卫生服务中心（站）占比 12.42%；其他机构工作人员所占比例都在 10%以下。

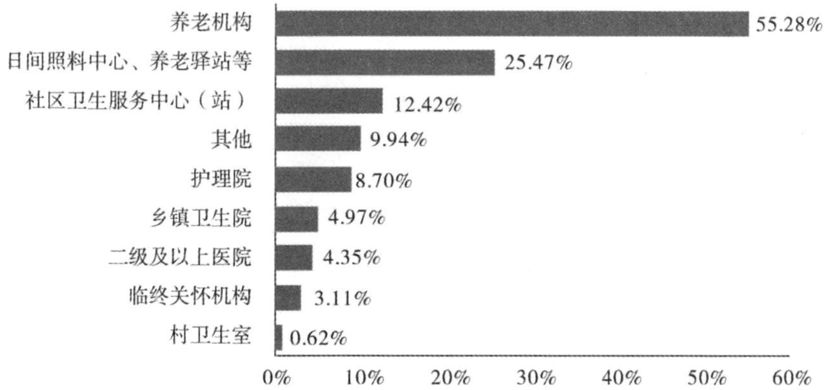

图 2-5 机构类型占比

（二）提供服务情况

1. 居家医养服务内容

表 2-1 居家医养服务内容

选项	小计（人）	比例
健康管理、健康指导等	109	67.70%
康复治疗	87	54.04%
陪同就医	77	47.83%
巡诊服务	60	37.27%
入户家政	60	37.27%
为老人提供就医绿色通道	56	34.78%
家庭病床服务	47	29.19%
上门护理，如插胃管、插尿管、定期上门采血等	37	22.98%
其他	24	14.91%
互联网+医疗监测	11	6.83%

从受访者所在机构提供医养服务内容方面来看，109 位受访者所在的机构提供了健康管理、健康指导服务，占比达 67.70%；其次是康复治疗服务，占比为 54.04%；陪同就医服务，占比为 47.83%。22.98%的受访者表示所在养老机构可以提供上门护理，如插胃管、插尿管、定期上门采血等服务，仅 6.83%的受访者表示所在机构提供互联网+医疗监测服务。由此可见，目前被调查机构所提供的居家医养结合服务内容较为单一，以健康管理、健康指导为主。

2. 签约家庭医生为老年人提供的服务内容

如图 2-6 所示，签约家庭医生为老年人提供的服务中，以健康教育服务为主，占比达到 59.01%，其次是签约健康管理服务，占比达到 44.72%。仅有 20.50%和 19.88%的机构为签约家庭医生的老年人提供签约家庭病床服务和签约转诊服务，占比较低。

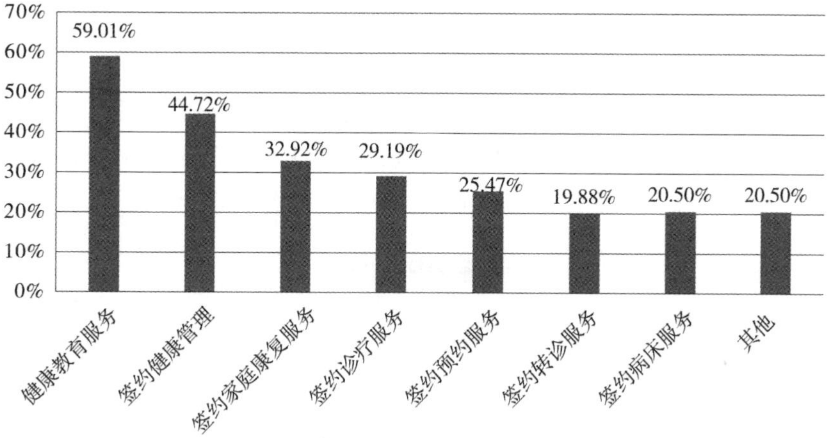

图 2-6　签约家庭医生为老年人提供的服务内容

3. 机构能够服务的老年人类型

受访者所在的机构为不同身体状况的老年人提供居家医养服务，如图 2-7 所示，主要为可自理老人和轻度依赖老年人提供医养服务，占比分别达到 83.23%和 76.40%。最为需要医养服务的不能自理老人所占比例反而相对较低，仅为 55.90%。

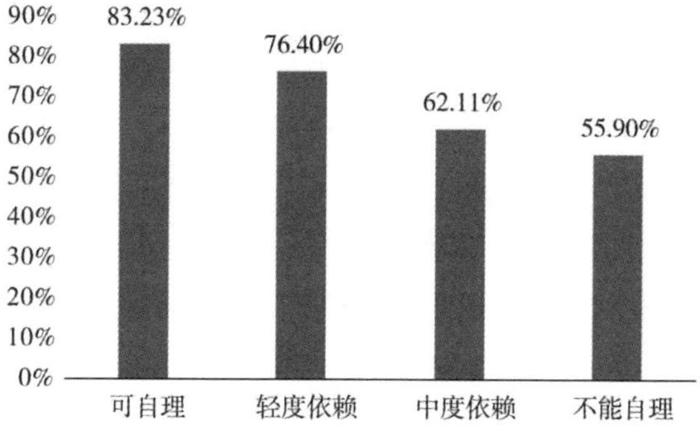

图 2-7　机构能够服务的老年人类型

4. 机构在提供居家医养服务过程中和老年人或第三方产生纠纷情况

如图 2-8 所示，在受访者所在的机构提供居家医养服务过程中和老年人或第三方产生纠纷情况方面，63.98%的受访者表示从未发生过；在发生过纠纷的受访者中，选择私下和解的有 26 人，占比 16.15%；在发生冲突后选择请社区或其他人帮助调解的受访者占比 12.42%，仅有 9.94%的受访者会选择通过法律渠道解决纠纷。说明当前在整个居家医养服务行业中，存在消费纠纷的情况，处理矛盾、冲突和纠纷的方式多样，但选择通过法律渠道解决问题的比例较低。课题组通过实地访谈了解到，部分养老服务提供商为了规避风险，仅提供风险较小或无风险的医养服务，尚未完全提供满足老年人实际需求却可能引发风险的服务内容。

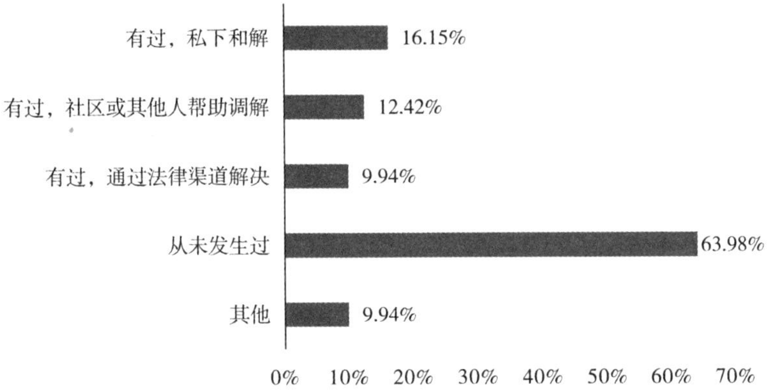

图 2-8　机构在提供居家医养服务过程中和老年人或第三方产生纠纷情况

5. 产生居家医养服务纠纷的风险点

在产生居家医养服务纠纷的风险点方面，60.25%的受访者认为居家医养服务法律规范和保险机制不健全产生医养服务纠纷的风险最大，58.39%的受访者认为因无餐饮服务许可证和送餐许可出现意外的风险大，46.58%的受访者表示老年人对居家助医缺乏信任、陪同就医缺乏第三方保障（法律保障），存在一定的风险。仅有 16.15%的受访者表示家庭环境无菌消毒条件不满足，配液、插管等操作出现意外的风险大，易导致医养服务的纠纷。

表 2-2　产生居家医养服务纠纷的风险点

选项	比例
居家医养服务法律规范和保险机制不健全	60.25%
无餐饮服务许可证和送餐许可	58.39%
老年人对居家助医缺乏信任	46.58%
陪同就医缺乏第三方保障（法律保障）	46.58%
上门服务前缺乏对老年人基本情况的评估	40.37%
上门服务后老年人出现跌倒等意外情况	34.16%
家庭环境无菌消毒条件不满足，配液、插管等操作出现意外风险	16.15%
其他	8.07%

6. *居家医养服务的难点*

如图 2-9 所示，受访者表示难点主要集中在服务提供方面，57.76%的受访者认为发展居家医养服务最大的难点是居家医养服务成本高、需求大，但老年人自付意愿低；第二大难点体现在保障机制方面，52.80%的受访者表示居家医养服务的难点是医疗保险机制不健全，医疗责任保险比例范围不合理；47.83%的受访者认为医生/护士上门服务时携带设备不便，老旧小区开展服务难；在服务人员方面，46.58%的受访者表示人员紧张，家庭医生签约服务难以有效开展也是居家医养服务推行的难点之一；44.10%的受访者表示居家医养服务缺乏相关法律法规和统一的规范也是难点之一；42.24%的受访者认为老年人及家属对助医不信任，有些甚至拒绝服务；40.99%的受访者表示出诊费、查床费等政策规定陈旧，与发展现状脱节。

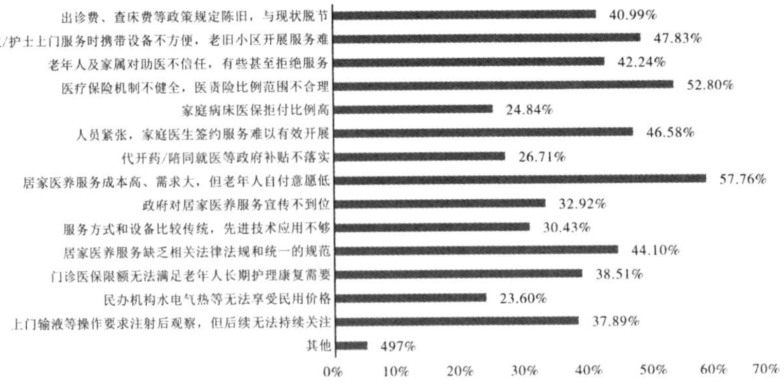

图 2-9 居家医养服务的难点

7. 解决医养结合方面问题的可行做法

如图 2-10 所示，问卷中提出的解决医养结合方面问题的可行做法得到了机构工作人员的普遍认可，所占比例均在 45%以上。其中，建立健全相关机制是解决医养结合最为可行的做法，81.99%的受访者认同建立健全风险补贴保障机制和合理的医疗保险赔付比例标准是解决医养结合问题可行的做法；63.35%的受访者认为应该加强医护人才建设，建立综合性的补贴激励机制；60.87%的受访者认为应该加强对居家医养服务的有效宣传；60.25%的受访者认为应该依据风险评估测算成本，出台相关补贴政策；59.63%的受访者认为应根据实际情况及时调整修订相关政策措施，逐步制定统一规范或法规；54.04%的受访者认为应该建立统一的居家医养服务老年人评估机制，并逐步建立完善的居家医养法律服务体系。

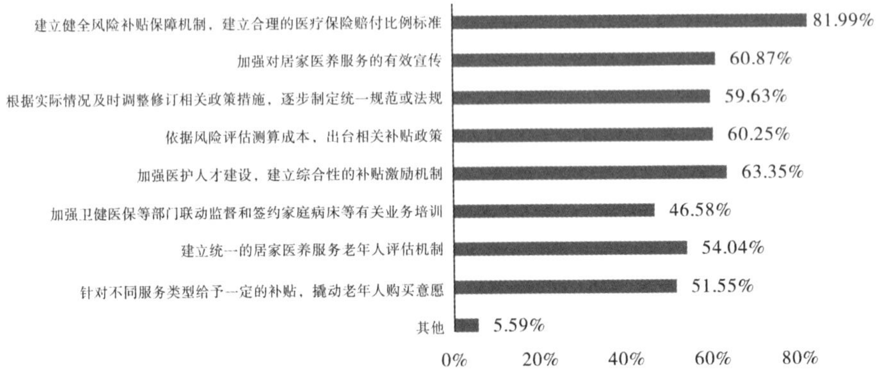

图 2-10 解决医养结合方面问题的可行做法

二、老年人问卷分析

（一）基本情况

1. 年龄

本次填写问卷的老年人共有117位，其中60—69岁的老年人有39位，占33.33%；70—79岁的老年人和80—89岁的老年人各有26位，均占比22.22%；另有6位90—99岁高龄的老年人也参与了问卷调查。

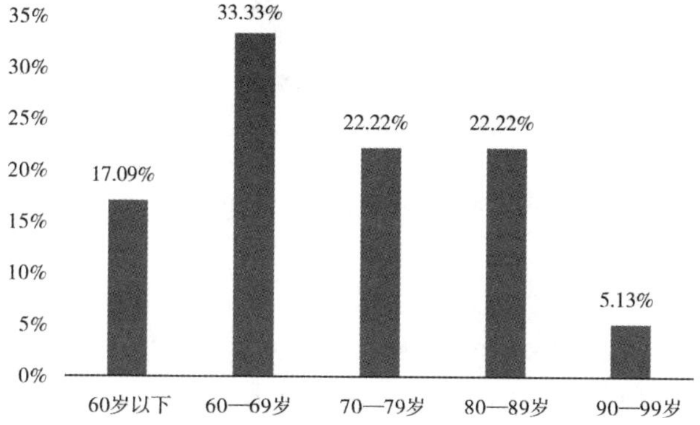

图2-11　老年人年龄分布占比

2. 户籍类型

如图2-12所示，参加本次问卷填写的老年人户籍类型以城镇为主，占85.47%，农村老年人仅占14.53%。侧面反映出居家医养服务主要集中在城镇社区，在农村地区尚未充分发展，居家医养服务存在区域不平衡现象。

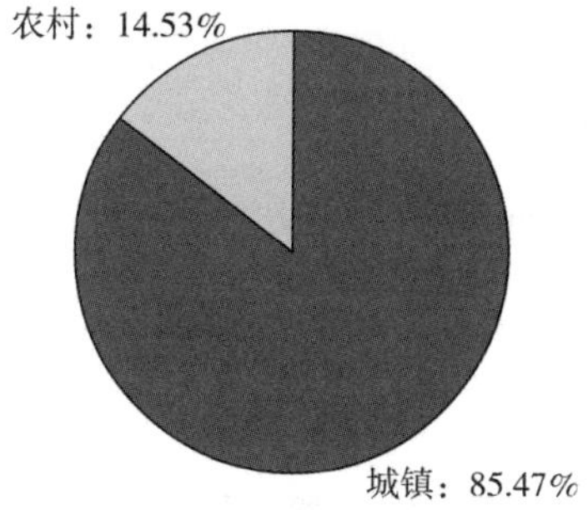

图2-12　户籍类型占比

3. 月收入

如图 2－13 所示，老年人月收入在 1999 元以下的比例最高，为 26.50%，其次为 2000—2999 元，占比为 24.79%，月收入在 3000 元以下的占比超过 50%。月收入在 5000 元以上的老年人仅有 15 位，占比 12.82%。受访老年人收入水平较低，导致其购买力水平较低。

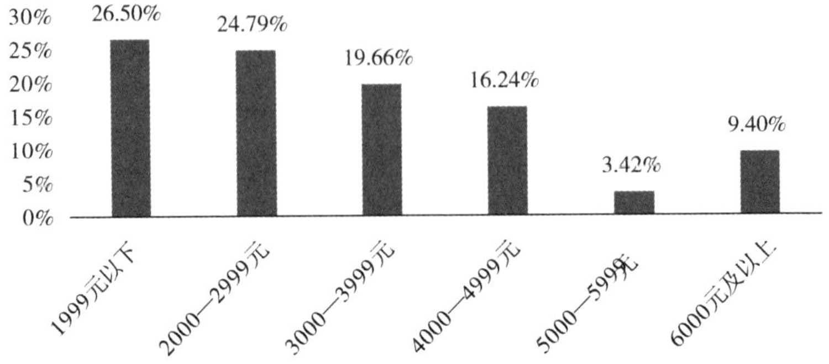

图 2-13　月收入占比

4. 收入来源

如图 2-14 所示，78.63%的老年人收入来源为退休金，收入来源中有子女赡养的老年人占比为 11.97%，仅有个别老年人收入来源中有退休后再就业所得的收入。大多数老年人收入来源较为单一，子女对其支持比例较低。

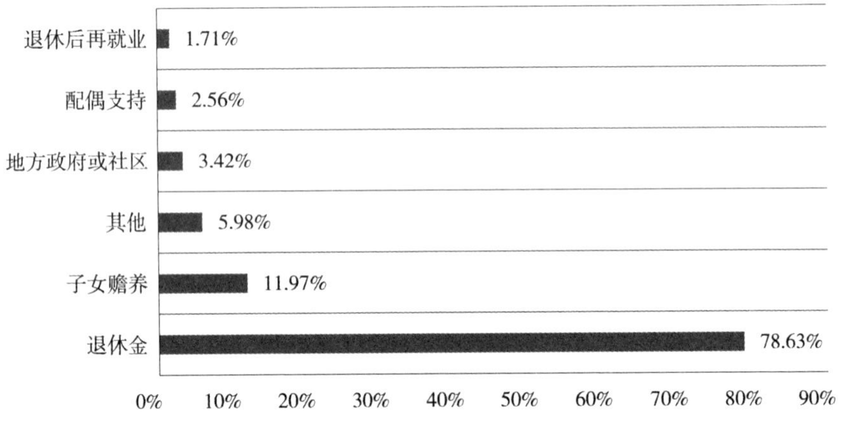

图 2-14　收入来源占比

5. 居住状况

如图 2-15 所示，本次填写问卷的老年人中，居住状况为夫妻同住的老年人比例最高，占 37. 61%。其次为独自居住的老年人，占 22. 22%。而独居老年人，尤其是患有慢性病或老年病的老年人往往比其他四种居住状况的老年人更加迫切需要上门医养服务。入住养老机构的老年人，因其普遍年龄较大、身体状况较差，也同样对医疗服务有较大需求。

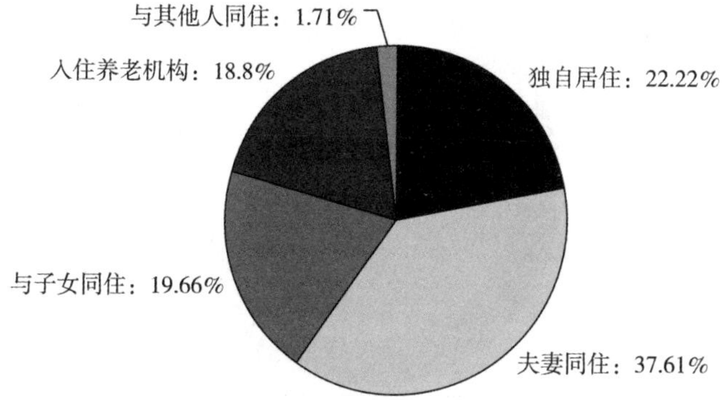

图 2-15　居住状况占比

（二）身体状况及接受服务情况

1. 是否参加过自理评估

48. 72%的老年人曾参加生活自理评估，51. 28%的老年人尚未参加过生活自理评估，两者所占比例基本持平（如图 2-16 所示）。老年人参加评估比例仍然较低。

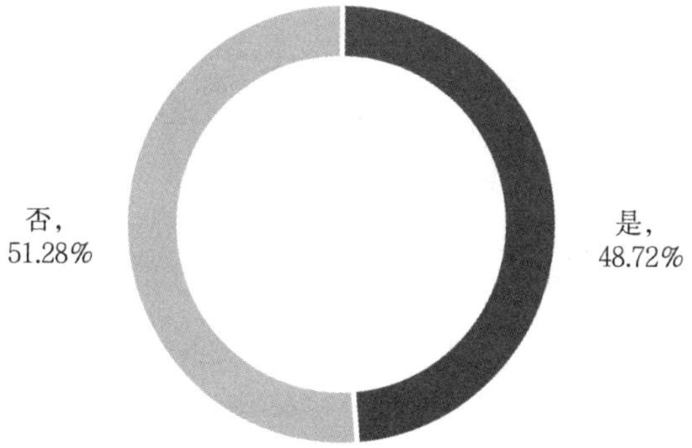

图 2-16　是否参加过自理评估

2. 生活能力评估

如图 2-17 所示，据身体情况不同，受访老年人生活自理程度划分为可自理、轻度依赖、中度依赖及不能自理四种类型。在受访者中 73.50%的老年人可自理；轻度依赖的占 16.24%；生活不能自理的占比最低，为 4.27%。

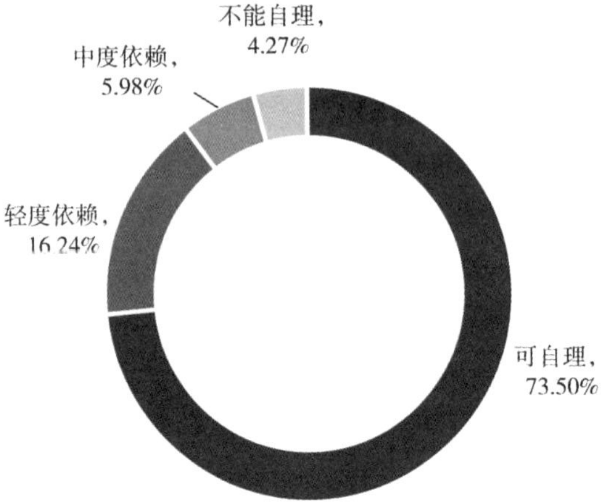

图 2-17　生活能力评估

3. 享受街道/社区每年定期提供免费的健康管理服务情况

老年人的身体健康状况可以通过定期体检等方式得到反映，从调查样本来看（如图 2-18 所示），2/3 以上的老年人享受过街道或社区每年为受访者提供的免费健康管理服务（生活方式和健康状况评估、体格检查、辅助检查和健康指导）。

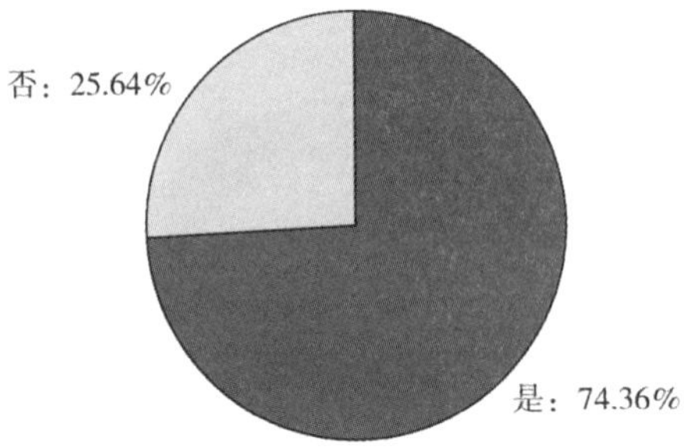

图 2-18　是否享受过街道/社区每年定期提供免费的健康管理服务

4. 居家医养服务内容

如图 2-19 所示，居家医养服务的内容种类多样，有常规的康复治疗、陪同就医、日常巡诊，也有上门助餐、上门护理、家庭医生、精神慰藉和协助外出等，其中日常巡诊所占比例较高，占 23.80%；其次为康复治疗，占 19.66%；所有的受访者中有 47.01%填写为其他，主要以家政服务、娱乐休闲等为主。总体来看，助浴服务、上门护理、上门助餐等服务占比较低，服务供给不足。

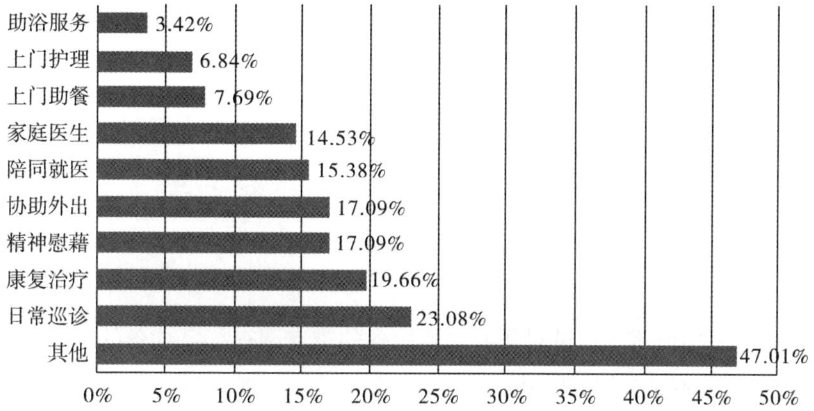

图 2-19　居家医养服务内容

5. 如何解决与医养服务人员纠纷

如图 2-20 所示，老年人与医养服务人员未发生过纠纷的情况占 82.91%，仅有 17.09%的老年人与医养服务人员发生过纠纷。如果有纠纷事件发生，大多通过口头和解，占 9.40%；仅有 1.71%的老年人通过法律途径解决纠纷。

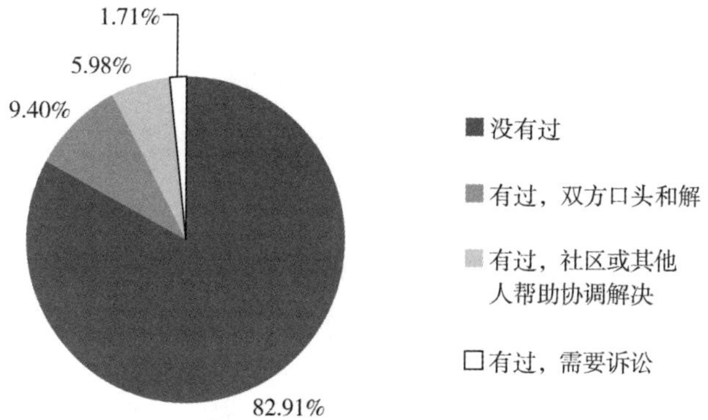

图 2-20　如何解决与医养服务人员纠纷

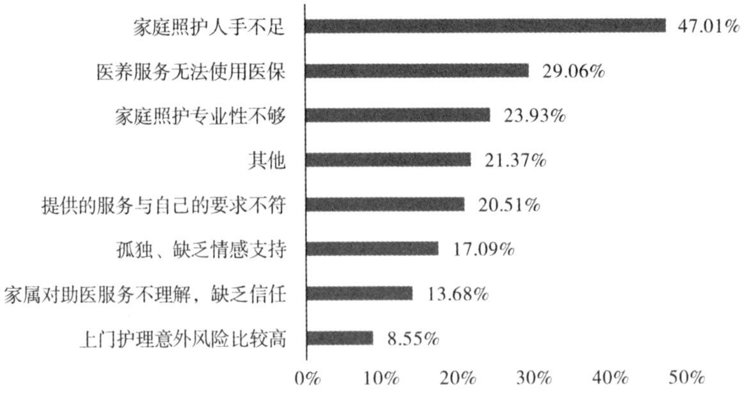

图 2-21　居家医养服务的难点

6. 居家医养服务的难点

如图 2-21 所示，通过对居家医养服务的难点调查，47.01%的老年人认为家庭照护人手不足是居家医养服务推行的最大难点，29.06%的老年人认为医疗服务无法使用医保也是难点之一。此外，家庭照护专业性不够、日间照料中心提供的服务与自己的需求不符，孤独、缺乏情感支持等问题也较为突出。

7. 在医养服务中享受过医保或长期护理保险的支付情况

如图 2-22 所示，老年人在接受居家医养服务的过程中，有 50.43%的老年人表示并没有享受过医保或长期护理保险；在接受的医养服务中享受过医保支付的占 48.72%；享受过长期护理保险支付的比例最低，仅有 0.85%。可见，我国目前居家医养支付体系并不健全，尤其是对居家医养结合至关重要的长期护理保险试点工作有待进一步推广。

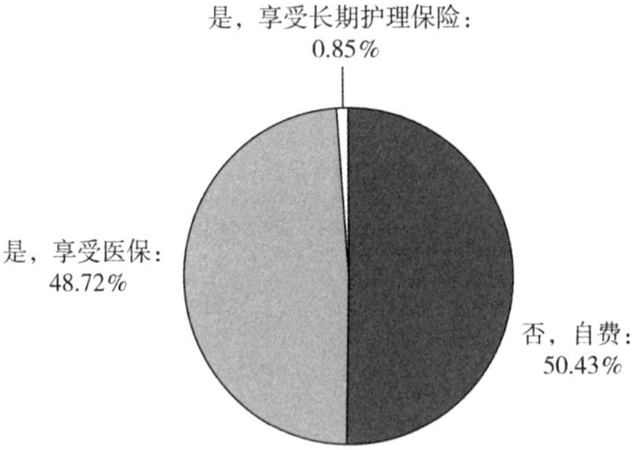

图 2-22　是否在医养服务中享受过医保或长期护理保险支付

8. 享受津贴补贴政策情况

如图 2-23 所示，只有 22.22%的老年人享受养老服务补贴，23.93%的老年人享受高龄老年人津贴。大部分省市高龄补贴只针对 80 岁以上老年人，服务补贴惠及度低。

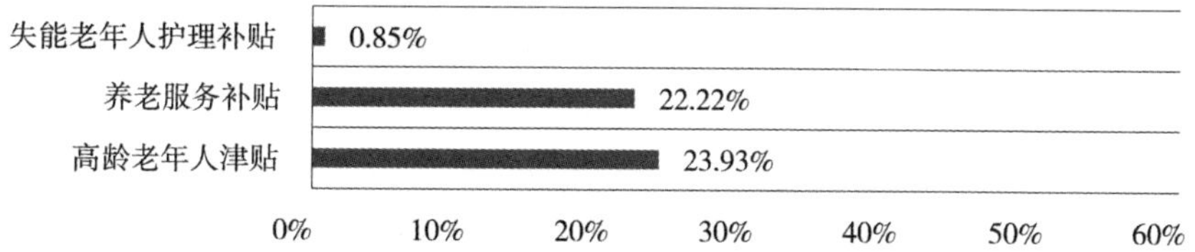

图 2-23　享受津贴补贴政策情况

9. 日间照料中心提供的基本服务满足老年人需要情况

如图 2-24 所示，日间照料中心为老年人提供的基本服务涉及多个方面。有 61.54%的老年人认为日间照料中心（养老驿站）满足其文化娱乐服务需求；58.12% 的老年人认为日间照料中心（养老驿站）满足了其健康指导服务。目前日间照料中心（养老驿站）以满足老年人提供日常照料、文化娱乐的基础需求为主。

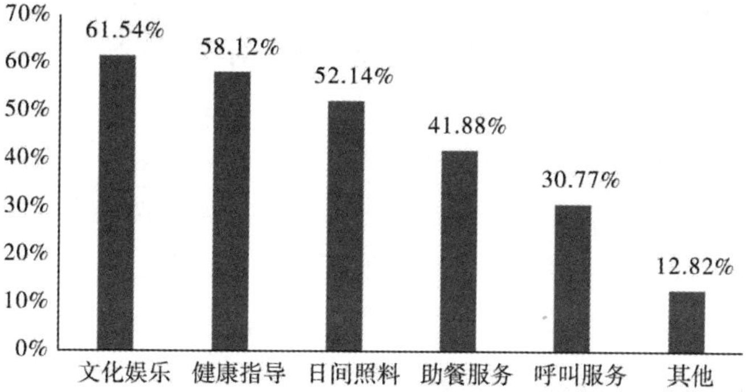

图 2-24　日间照料中心提供的基本服务满足老年人需要情况

10. 居家医养服务需求未得到满足情况

如图 2-25 所示，44.44%的老年人表示就医绿色通道尚未打通，该方面需求未得到满足，38.46% 的老年人认为按摩理疗需求未得到满足，35.90%的老年人表示家庭病床服务需求未得到满足。总体来看，老年人的医养服务需求缺口仍然很大。

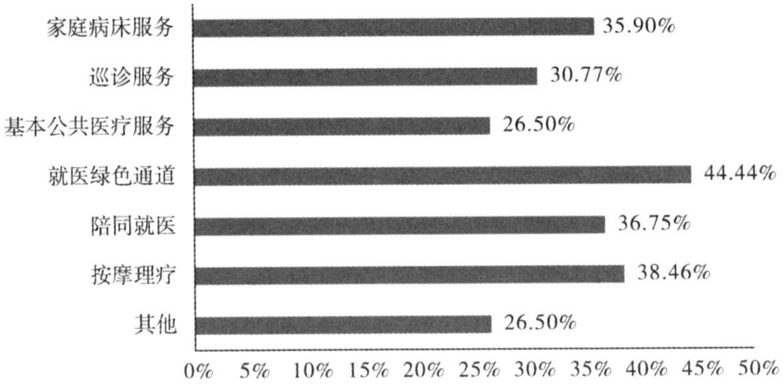

图 2-25 居家医养服务需求未得到满足情况

三、问卷分析结论

课题组对问卷进行描述性分析并结合实践，得出以下结论。

（一）服务对象不精准，涵盖范围广

居家医养服务主要服务对象应聚焦失能失智老年人，使其在家可以享受专业的医养服务。但目前享受居家医养服务的却以自理老人为主，失能、失智老年人享受居家医养服务所占比例较低。社区居家医养服务对象涵盖范围大，以本地户籍人口为主，但由于人口流动性较大，社区内外来老年人较多，这部分老年人享受医养服务的水平较低。此外，能够享受到居家医养服务的农村老年人相对城市老年人所占比例较低。

（二）服务内容单一，专业化程度低

目前，在养老服务领域中，为老年人提供居家医养服务的服务商数量较少，品牌化、连锁化程度低。医养服务人才和相关设备短缺，医疗服务专业化程度比较低。农村地区服务主体尤其欠缺，仅可以依靠乡镇卫生院和村卫生室提供基本的医养服务。现有居家医养服务机构以提供健康管理和健康指导等基础医疗服务为主，老年人的助医服务、家庭病床等需求未得到充分满足。此外，老年人能力评估是判断老年人享受不同类型医养服务的重要前提，也是评估老年人健康水平的重要手段，享受评估服务的老

年人所占比例并不高，给精准把握老年人服务需求、细分服务供给带来难度。

（三）服务成本较高，老年人支付能力弱

对于居家医养服务机构，同时提供医疗和养老服务将大幅增加运营成本，但老年人由于消费理念落后和收入偏低，并不愿意主动购买服务，更倾向于服务商免费提供或政府购买服务。政府财力有限和服务商提供服务的成本较高，成为推行居家医养服务的最大难点。长期护理保险是降低老年人护理费用的重要制度保障，但由于我国尚未全面建立长期照护保险制度，因此大部分老年人在接受医养服务过程中并不能享受长期护理保险支付。同时，由于社区日间照料中心、养老驿站、护理站申请成为医保定点难度较大，老年人居家医养服务报销难。津贴补贴政策对于失能、失智、高龄老年人来说非常重要，但享受到失能老年人护理补贴的老年人非常少。

（四）服务难点较多，未得到足够重视

发展居家医养服务，难点较多。对于老年人来说，家庭照护人手不足是居家医养服务推行的最大难点。同时，医疗护理服务无法使用医保也是难点之一。对于服务提供商来说，发展居家医养服务最大的难点就是居家医养服务成本高、需求大，但老年人自付意愿低。

（五）政策落地不足，落实力度有待加强

在此次调研中，针对居家医养服务面临的难点，从加强对居家医养服务的宣传、制定统一的规范和法规、出台补贴政策、建立统一评估机制等多个方面提出的一系列措施，得到了机构工作人员的认可。其中，81.99%的受访者认同建立风险补贴保障机制和合理的医疗保险赔付比例标准。但关键在于要加强已有政策的落实力度，逐渐将政策落地。因此，应出台促进社区居家医养服务发展切实可行、操作性强的政策措施。

第三章　为居家老年人提供医养服务存在的难点及风险

一、政府层面

（一）优惠扶持政策落实存在“最后一公里”问题

2019 年 6 月 10 日，财政部等六部门发布了《关于养老、托育、家政等社区家庭服务业税费优惠政策的公告》。但部分社区居家养老服务机构水、电、气、暖仍执行商业价格，前期投入和日常开支存在很大压力。调研发现，有些机构仅接入燃气一项就要花费 40 万元，电力增容、网线接入、增设电梯等每项都需要一次性资金投入，但合同期限仅为 1—3 年，前期投入难以收回成本。部分社区居家养老服务机构通过租赁场地开展服务，中心城区租金成本高，导致机构运营成本大。

（二）建设规划不科学，行业标准和规范欠缺

一是对社区居家养老服务机构建设规划缺乏统筹，未按照区域内老年人口密度及其对应的需求合理规划机构分布和配置资源。二是居家医养服务内容，如助餐、助浴、助医、紧急救援、康复等方面未出台相应的服务标准及风险防范措施，例如助餐项目中食品安全标准尚不清晰，康复服务项目中服务人员的资质尚不明确，关于医养结合上门服务、陪同就医等标准也不完善。

（三）监管机制不健全，缺乏有效的评估机制

政府的监管力量有限，监管机制不健全。一是政府部门监管主体不明确，难以形成监管合力。由于居家医养结合涉及部门主体多，民政、卫生

健康、应急管理、市场监督管理等多个部门职能交叉，责任分工不明确，难以建立有效的工作机制。开展综合协调和督促检查工作困难，导致一些居家医养结合服务监管工作难以落实到位。二是目前尚未形成一套有效的评估机制；缺乏运营商运行绩效、服务人员的评估考核制度；缺少对政府购买居家医养服务进行事前、事中和事后的全程评估；缺少对养老服务对象的需求评估和满意度评估指标体系。三是第三方监管作用有待发挥，目前对居家医养服务的监管仅依靠业务主管部门，第三方评估机构、基层街道、社区等监督作用没有得到充分发挥。

（四）资金支持体系不完善，尚未建立长期照护保险制度

一是医保定点申请难。提供医养结合的社区养老服务机构因无法申请医保定点，导致老年人在享受康复、保健、理疗、中医药等服务时产生的费用，无法通过医保报销。二是老年人家庭病床所提供的医疗服务以及药品报销难。三是长期护理保险尚未全面覆盖。目前长期护理保险仍处于试点阶段，失能、失智老年人及其家庭经济负担较重。

（五）养老政策宣传不到位，老年人缺乏了解

调研发现，部分老年人对社区居家养老服务机构虽有一定的了解，但对养老政策了解较少，关注新闻、广播的老年人对相关政策了解较多。总体上老年人能够感受到政府对养老的关注，但是具体政策了解较少，街道整体宣传较少，且仅靠社区养老服务机构自身的宣传，成本高，影响力过小，许多有需求的老年人和潜在消费群体对于社区居家养老服务机构的作用以及具体服务内容不了解。为寻找服务对象，社区居家养老服务机构通常采取上门发小广告、到社区活动场地随机询问锻炼身体的老年人、投入大量免费服务等效率较低的方式融入社区，部分老年人对机构或服务不信任阻碍了服务的供给和需求之间的有效对接。

二、服务提供商层面

（一）服务机制：需求对接不精准，盈利模式不明确

1. 需求对接不精准

长期以来，社区居家养老需求与供给存在结构性失衡。在供需机制方面，自上而下的养老服务供给与自下而上的养老服务需求，由于信息不对称、需求表达渠道不畅，导致供需错位、缺位问题明显。家庭式、小微型社区嵌入式机构发展难，街道（乡镇）养老照料中心布局不足。在精准供给方面，由于老年人梯度分布的特点，活力老年人、高龄老年人、失能失智老年人、经济困难老年人等需求差异大，养老服务的提供还不够精准、多元。

调研发现，一些区县在开展居家养老服务过程中，存在服务资源分配不均现象，中心城区居家养老服务资源普遍多于偏远地区。偏远地区居家养老需求不能得到满足，导致了服务过程中资源分散和利用效率低下等问题。此外，社区居家养老服务项目主要限于基本生活照料服务，医疗护理、精神慰藉等需求没有得到充分满足。社区居家养老的功能定位不准，作用发挥不明显。从调研情况看，北京市社区养老服务机构提供的送餐、上门提供清洁卫生等各项服务，其服务对象主要是健康自理老年人，而真正有刚性需求的失能失智老年人大多享受不到居家养老提供的专业化医疗、护理服务。

2. 盈利模式尚不明确

盈利模式尚不明确，可持续发展动力不足。在调研中，一些社区居家养老服务中心负责人认为机构自我造血模式还在摸索中，投入过大，短期可以支撑，若长时间入不敷出恐难长久。这主要是由于社区居家养老服务在开展中面临许多困难：一方面，政府对失能失智等刚需老年人的补贴力度不足，部分老年人由于经济能力有限，无法购买最为需要、费用较高的护理服务；另一方面，居家养老机构医疗资质和医保定点资格申请难，医保审批流程复杂，周期长。此外，部分社区养老服务机构缺少专业的医

疗、康复、护理人员，难以满足老年人短期照护、康复照护的现实需求，且目前从事助医、康复、理疗服务的部分服务人员不具备相应资质，一旦出现问题，很容易产生法律纠纷。

（二）服务队伍：专业化水平低，激励机制不完善

1. 人才队伍短缺，专业化水平较低

现阶段，各院校开展养老服务人才教育与培训工作的情况参差不齐，难以满足社区养老服务需求。一方面，养老服务人员数量不足，素质较低。目前养老护理人员多为“4050”人员，且其中大多为农村外来务工人员等，自身学历水平不高，再教育与培训接受能力差。而学习能力较强、综合素质较好的年轻学员往往不愿意从事一线养老服务工作，导致养老服务人才队伍年龄结构不合理。另一方面，当前养老服务人才队伍中专业人才稀缺，在专业技术人才方面缺少评估师、康复师、社会工作师、营养师、心理咨询师等，在专业管理人才方面，缺少行业内的领军人才、院长及其他中高层管理人员。

2. 激励机制不完善，缺乏有效手段

一是工资待遇低。养老服务人员工资待遇低，调查显示，除特大城市外，养老护理人员薪金主要集中在3000元左右，劳动投入和回报严重失衡，使得养老服务人才流失率居高不下。二是职业晋升渠道不畅。在许多机构内，养老护理员缺少自我提升、自我实现的渠道，对优秀员工的激励力度小，缺乏清晰的激励标准与完善的激励体系。三是现有激励手段单一。当前以物质激励为主，缺少精神激励，不注重对员工的职业荣誉感、责任感的培养。

3. 社会认同度低，人才稳定性差

长期以来整个社会对于养老服务行业的劳动价值严重低估，从业人员缺乏社会认可，其社会地位和职业声望较低，整体上处于低薪酬、高压力、工作环境差、职业晋升空间不足的状态。社会认同度低是制约人才进入养老领域的主要障碍之一。社会公众普遍认为养老服务是无技术含量、“服侍人”的低水平工作，职业偏见从观念上阻碍了人才进入养老服务业。同时，养老服务从业者的职业准入门槛低，从业者职业定位不清晰，这种

状况使得从业者自身缺少职业认同感与归属感，形成了“低工资—低技能—低满意度—高流动率”的恶性循环。

（三）服务设施：适老化建设薄弱，有效投入不足

1. 适老化设施建设薄弱

开展社区居家医养服务需要有基础性的适老环境作为支撑。一些服务设施陈旧落后增加了医养服务的开展难度，如老旧小区洗浴条件差，一些老旧平房甚至无洗浴条件，难以完成上门助浴服务。同时，服务提供商自备的担架、爬楼机等设施在老旧小区的使用也很不方便。

2. 专业设施设备投入不足

根据社区医疗的特点，上门护理服务主要为服务对象开展一对一的个性化护理服务，专业设备需求量大，但社区居家医养服务机构缺乏相关便携式医疗设备及仪器，如便携式自动除颤仪、便携式心电监护仪、简易呼吸器等，为机构工作人员上门服务增加了困难。由于资金短缺、重视程度不够，目前大部分基层医养服务机构配备的专业医疗设备有限，影响了医养结合服务的有效开展。

（四）服务标准：缺乏标准细化，贯彻落实不到位

1. 缺乏行业管理与服务规范标准

在实地调研中发现，社区居家养老服务内容，即助餐、助洁、助浴、助医、紧急救援、康复、适老化改造等方面仍未出台相应的服务标准及风险防范措施。对于康复服务项目，在服务收费、服务方法、服务器具、服务人员资质等方面没有明确的要求。在助餐服务中，缺乏标准化的老年营养餐制作流程。行业管理与服务规范标准的缺位势必会导致服务项目、服务能力及效果大打折扣。

2. 已有标准贯彻落实不到位

目前，国家已出台《社区老年人日间照料中心服务基本要求》（GB/T 33168—2016）和《社区老年人日间照料中心设施设备配置》（GB/T 33169—2016）等国家和行业标准，广东、河南、上海等省市也陆续出台地方性社区居家养老服务规范，但这些标准规范存在贯彻落实不到位、宣

传力度不够等问题。

（五）服务提供：内容比较单一，缺少风险防范和化解机制

2016年10月第四次中国城乡老年人生活状况抽样调查结果显示，城镇老年人对居家养老服务项目需求排名前三位的是：上门看病、上门做家务和康复护理，占比分别为29.2%、13.5%和10%；农村老年人对居家养老服务项目需求排名前三位的是：上门看病、康复护理、心理咨询或聊天服务，占比分别为47.9%、12.7%和11.9%，居家养老服务项目已经成为养老服务行业的重要组成部分。目前已有的居家医养服务项目，包括上门护理、上门助医、助浴、助餐等服务为主要服务项目内容。然而，居家医养服务的开展与推进面临许多制约因素，包括专业护理人员数量匮乏，综合素质与专业化水平较低、基本居家养老服务设施设备投入不足，适老化程度不高，相关管理与服务规范标准缺位，已有规范标准落实不到位等要素使居家医养服务推进难度大、效果不理想、服务风险高。

1. 制约上门护理服务的难点

一是服务对象状况复杂。第一，由于老年人本身的身体状况不稳定，家中也没有相应的适老化设施，在上门护理过程中，老人容易出现摔伤等事故，存在一定的人身安全隐患。第二，部分家属对上门护理服务持不理解甚至干预态度，在护理过程中存在一定困难。

二是服务内容比较单一。目前已落实的上门服务多为家政保洁等服务，而医疗、康复保健、精神慰藉等服务项目却提供较少，机构无法为众多慢性病居家老人提供日常化、长期化护理服务，服务内容单一。

三是服务风险缺乏保障。在上门护理服务的开展过程中，护理人员、服务提供商与政府均面临一定的风险。护理人员没有相应法律法规保护和专门保险支持。例如，当服务商非过错发生意外事故，家属可能归责于护理人员，而护理人员因无维权依据，导致服务风险过大。

四是服务关系信任低下。目前，居家养老服务尚未形成体系化品牌，社会宣传少，老年人及其家属对居家养老服务认知度不高，尚未建立双方信任关系。

2. 制约上门医疗服务的难点

一是服务内容风险较大。在开展上门医疗服务的过程中，医护人员、

机构与老年人均面临一定风险。家庭的治疗和护理环境相对简单，不具备抢救设施和特殊检查及治疗的条件，且上门医疗时间有限，服务过程存在较大的医疗风险。若服务过程中或服务后发生异常问题，服务者没有医责险，医护人员需承担较大风险。另外，居家医疗服务行业尚无明确服务标准及管理办法，服务质量高低不一，老年人及其家属没有评定标准，管理部门也没有管理办法监督管理，这也为上门医疗服务带来了外部风险。

二是服务环境受到限制。第一，服务地点受限。上门医疗服务是指在患者的家中开展诊疗行为，与医师、护士注册的执业地点即医疗机构所在地不一致，一旦发生医疗纠纷，有可能会因为执业地点问题受到质疑。第二，服务内容受限。目前没有相关法规对上门医疗服务的内容进行明确界定，尤其缺乏对于注射、抽血等对医疗环境有较高要求的项目是否属于上门服务的明确说明，更缺乏安全规范条例。第三，服务环境受限。居家医疗服务专业性高，风险大，服务受居家环境（空间、布局、实施等因素）、服务者服务熟练度以及服务所需专业器材有限等因素影响，其居家医疗服务水平及服务实施范围受到限制。

三是服务成本难以分担。养老服务机构在上门医疗服务中需负担较大的成本，包括上门医疗服务所需的工具，如医疗的服务包、护理包以及鼻饲、口腔护理等专业工具以及相关医疗设备等。这些设备基本需要服务机构自行购买，费用投入较大，其他人员、时间、交通等成本也非常巨大。目前老年人消费能力有限，无法承担长期居家医疗服务的支付。

四是服务人才十分短缺。居家医疗服务对于服务人员专业性要求更高，要求其具备良好的职业道德、较强的综合业务能力及优秀的应急反应能力。目前，从事上门医疗服务的医护人员较为稀缺，其专业素养参差不齐。

3. 制约上门助浴服务的难点

在上门助浴过程中，可能发生老年人人身安全风险、财产安全风险与心理抵触风险，均需要养老服务机构合理处理风险危机。第一，老年人在洗浴过程中极易引发心脑血管疾病，发病时需要及时专业诊疗。尤其是在助浴过程中老年人易发生摔、磕、碰以及因没有做好保暖措施导致老年人着凉生病等问题，家属易把责任推给护理人员及机构，护理人员承担护理风险较大，易陷入事故纠纷。第二，在助浴过程中，可能出现财物丢失等老年人财产安全风险，机构应制定相应管理办法。

4. 制约上门助餐服务的难点

一是服务提供缺乏有效监管。当前，居家上门助餐服务在膳食卫生、膳食营养水平、膳食价格、用餐标准等方面均没有明确标准和管理监督办法。

二是服务机制难以持续发展。从上门助餐服务的主体来看，目前多数送餐或膳食机构均为营利性单位，由于缺少相应政策补贴，老年餐用餐标准较一般用餐标准低，利润空间低，很难找到长期合作、价格合适的餐饮配送公司，在食品安全、菜品质量等方面缺乏保障。从上门助餐服务过程来看，由于送餐对象数量庞大、居住分散，送餐人员工作强度高，送餐辐射范围有限。部分养老照料中心只能对内部开放，因缺乏相应许可证而不能对外给老年人送餐。

三是服务内容有待优化改进。老年人群数量大，饮食习惯不一。饮食特点应以宜嚼、清淡、营养均衡为主，且多数老年人有各类慢性病，对饮食有不同的要求，需要个性化配餐。另外，老年营养餐技术研发及标准化发展还未成形，无法提供真正意义上的“老年营养餐”“特殊疾病餐”“护理餐”等。

三、老年人层面

全面了解和准确判断老年人群体在接受居家医养服务方面存在的实际问题和困难，对于切实保障居家老年人权益和进一步推动居家医养结合养老模式深入发展具有重要意义。通过对养老机构实地调研以及相关工作人员的访谈，从老年人层面发现存在的问题和风险，主要有以下几个方面。

（一）消费意识和消费习惯较保守

当前我国已进入人口老龄化快速提升期，截至 2018 年底，60 岁及以上人口达到 2.49 亿，在人口老龄化的大背景下，老年人成为重要的消费群体。老年人的收入及消费状况成为影响经济需求以及养老产业发展的重要因素。《2017 中国老年消费习惯白皮书》显示，老年人日常消费主要集中于娱乐社交、疾病管理、养生健康及日常生活等四个方面，其中日用品、食品餐饮、疾病诊疗、营养品等支出较大。在消费金额方面，老年人年均消费 22600 元，其中日常生活 15560 元，约占总消费的 69%；健康养生 2763 元，约占总消费的 12%；疾病管理 1665 元，占比 7%；娱乐社交 2585 元，占比 11%，由此可见老年人主要消费支出仍为日常生活开支。老年人仅对于免费护理服务项目如体征检测、健康指导有兴趣，而对于深度的居家医养付费服务，其自付意愿比较低。虽然部分有支付能力的老年人群体消费理念有所更新，愿意接受医养服务消费，但整体来讲老年人品质消费和健康消费的意识和习惯有待进一步培养和提升。

（二） 整体收入水平较低，自费养老负担重

国家统计局和全国老龄工作委员会办公室共同组织的第四次中国城乡老年人生活状况抽样调查结果显示，2014 年，全国城镇老年人年人均收入达到 23930 元，农村老年人年人均收入达到 7621 元。同时，以第四次中国城乡老年人生活状况抽样调查数据为主要依托发布的《老龄蓝皮书：中国城乡老年人生活状况调查报告（2018）》指出，我国城市老年人收入只相当于同期城镇居民人均可支配收入的 82.9%，仅相当于同期城镇单位在岗职工平均工资的 41.7%。2014 年，农村老年人收入相当于同期农村居民人均可支配收入的 72.7%。老年人收入水平低于其他居民收入水平，尤其是城市退休老年人，收入远低于在岗的职工收入。可见，老年人群体的实际收入水平仍较低，且城乡老年人收入存在差距。调研发现，养老服务机构提供的居家医养服务价格平均水平处于 3000 元/月左右，部分特殊护理服务价格则更高。从整体来看，老年群体相对较低的收入水平在一定程度上抑制了老年人的消费意愿，不利于居家医养服务的深入推进。

（三） 相关法律法规知晓度低，维权意识淡薄

《中华人民共和国老年人权益保障法》等法律法规和政策措施相继出台，为维护老年人权益提供了有力支撑。由于法律法规的宣传方式以及老年人自身接受能力等条件限制，不同情况的老年人对相关法律法规的知晓程度不同，老年人运用法律法规维权存在更大困难。在访谈过程中，有活

力的老年人谈及自己经常以收听新闻广播的方式来了解与养老相关的法律和政策，但并不能完全理解和运用。而对于失能失智老人，由于其自理能力、精神意识等条件的限制，对法律法规的掌握和运用则更加困难。失能失智老人在养老服务过程中如发生被侵权、受虐待等事件时，由于自身身体机能的衰落，无法明确表述和告知监护人，因此也很难及时运用法律进行维权。总之，老年人群体整体上法律知晓度较低，维权意识淡薄，在侵权事件发生时难以运用相关法律及时、有效地维护自身权益。

（四）角色转换能力较差，服务质量要求高

调研过程中了解到，部分老年人由于退休、空巢、独居等原因导致心理落差加大，出现情绪低落、自我否定的现象。在生理上，部分老年人无法接受机体变化，不愿意承认衰老，接受养老服务时存在抵触心理。如有养老服务人员提到，在上门助浴过程中，老人存在心理和生理障碍，自尊心较强，不愿接受服务人员帮助，助老服务难以顺利开展。此外，部分老年人对居家养老服务的包容度较低、警惕性较高，对养老服务提供商缺乏信任。老年人由于高龄、患病、失能以及空巢等情况不同，对养老服务的需求多样复杂。

第四章　为居家老年人提供医养服务的境外经验及启示

美国、日本、德国、荷兰等国家和我国港台地区较早进入老龄化社会。为进一步完善我国居家医养服务政策，本课题选择上述具有代表性的国家和地区，深入研究它们在开展居家养老服务中的典型做法和有效措施，提出推进大陆地区居家医养服务发展的政策建议。

一、建立健全法律法规是保障老年人权益的重要基础

很多国家和地区都通过长期照护立法解决养老问题。如奥地利的《长期照护津贴法案》、德国的《长期照护保险法》、荷兰的《特别医疗支出法案》、以色列的《社区长期照护保险法》、日本的《长期照护公共保险计划》。2015 年以来，德国先后颁布《护理加强法案》第一部和第二部，通过对长期护理需求重新界定、进一步细分护理等级、提高缴费率，同时提高待遇、为居家护理提供更多支持等改革措施，老年人照护保障制度趋于完善和精细。2017 年我国台湾地区卫生福利行政部门修正长期照顾服务的相关办法，其中第五章接受长照服务者之权益保障第 42 条规定，长照机构于提供长照服务时，应依照主管机关定型化契约范本与长照服务使用者、家属或支付费用者签订书面契约；第 43 条规定，未经长照服务使用者之书面同意，不得对其进行录像、录音或摄影，并不得报道或记载其姓名、出生年月日、住（居）所及其他足资辨别身份之资讯；第 44 条规定，长照机构及其人员应对长照服务使用者予以适当之照顾与保护，不得有遗弃、身心虐待、歧视、伤害、违法限制其人身自由或其他侵害其权益之事；第 45 条规定，主管机关应建置陈情、申诉及调处机制，处理民众申诉案件及

长照服务单位委托之争议等事件。

二、建立统一规范的评估机制是保障老年人权益的重要前提

德国长期照护保险由医疗保险经办机构一并管理，由第三方评估机构上门访问，现场采集数据，根据申请人情况及法定条款等评估护理级别并确定服务内容，比较著名的独立评估机构是保险联盟医疗评估机构（MDK），护理需求评估标准分为行动能力、行为举止、心理状况、日常生活能力、户外活动能力、操持家务能力、自我照顾能力、社会交往能力八个模块，涵盖了老年人全方位多层次的生活要求。日本由市町村和特别区专业评估委员会管理，在听取主治医生意见的基础上，委派专门人员上门评估。荷兰由中央护理评估办公室（CIZ）统一负责，由社区护士、家庭医生、社工等不同领域的相关专业团队对老年人进行评估，中央评估办公室则更多扮演监督者的角色。我国香港地区实行“安老服务统一评估机制”，由专业的评估员采用国际认可的评估工具，评估老年人在护理方面的需要，提供相应的照顾计划，为老年人提供相应服务。

三、加强医养服务标准化建设是保障老年人权益的重要抓手

日本在养老服务业标准化与评价方面，制定的养老服务评价标准，涉及日常生活服务、特殊服务、其他服务、与相关业务单位的协作、设施设备与环境、经营管理六方面内容，如“解决老年人和残疾人需求的标准制定单位指南”等。老人评价标准更为重视老人的服务感受与体验，在评价指标中包括更多过程质量指标和结果质量指标，包括机构运营机制、合同、老人为主的服务、服务内容与技术、危机管理 5 个方面，近三分之二的指标集中于老人为主的服务及服务内容与技术。我国香港地区综合家居照顾服务内容与标准中服务表现指标对体弱个案和普通个案区别设定，包括一个月内服务使用者体重下降超过 5%的数量和百分比等 9 项指标，服务运营者须每季度向社会福利署提交上述每月数据，而有关数据将成为监

察服务表现和持续改善服务质量的基础。

四、形成有效的评级监管体系是维护老年人权益的重要保障

德国长期照护保险制度，依据老年人的失能状况和需要护理的程度将照护级别标准化，并与照护强度和保险待遇支付相挂钩，建立了动态评估、长期照护的照护保障体系。我国香港地区安老事务委员会主要职责是制定全面的安老政策，包括向政府提供老年人在护理、住房、经济保障、医疗卫生、心理、就业，以及康乐需要等方面的意见，统筹各项安老计划和服务的策划和发展工作，在落实各项安老政策和计划时进行监察，并向政府提出建议，确保达到既定目标。合约管理组的主要职能是制定以竞争性投标方式分配福利服务单位的政策，以及审查服务运营者是否遵从合约规定，审查合约服务的机制包括定期审核服务统计资料、定期服务检讨、评估探访、调查投诉、审阅服务使用者意见调查。我国台湾地区长期照顾服务的相关明确要求，长照机构评鉴不合格者，应限期改善；届期未改善者，机构住宿式服务类长照机构，处新台币 6 万元以上 30 万元以下罚款；其他服务类长照机构评鉴不合格者，依规定处罚；届期未改善，将按次连续处罚；情节重大者，处一个月以上一年以下停业处分，停业期满仍未改善者，废止其设立许可。

五、运用纠纷仲裁和保险机制是保障双方权益的重要手段

日本医师会医师责任保险自 1973 年建立以来，已成为日本医疗纠纷处理体系中不可或缺的机制，旨在通过责任保险保障日本医师会会员因医疗行为所导致的赔偿，推进建立快速、高效、公平的医患纠纷解决机制。日本医师会医师责任保险已构建由医学专家及法律专家组成的专业调查委员会，据统计，该保险下的医疗纠纷解决花费时间平均为 3—12 个月，而以诉讼方式解决从提起诉讼到纠纷解决平均需要 35. 1 个月。美国医疗纠纷仲裁制度为应对医疗行业危机而产生，以当事人自治为原则，仲裁条款与医

疗服务、医疗保险合同相结合，仲裁庭组成及仲裁员选人规则设立中立第三方协助制度，多年来形成了一套完整的体系，在解决医疗纠纷、缓解医患关系、摆脱医疗行业危机方面发挥了巨大作用，是整个医疗纠纷解决体制中不可缺少的组成部分。

第五章　推进居家医养服务老年人维权保障的工作建议

一、政府层面

（一）理顺管理机制，明确规划布局

一是理顺民政、卫生健康、医疗保障、人力资源社会保障等部门在医养结合分工上的职责范围，充分发挥养老服务部际联席会议制度的作用，共同协调制定医养结合发展政策。二是加强部门协同合作，在严格规范管理的前提下，改进医养结合机构备案审批和医保定点资格审批方式，提高审批备案效率，将社区居家医养结合服务模式纳入建设总体规划和医疗资源分布规划。三是重点对辖区内运营中的社区养老服务机构情况进行摸排，摸清底数，结合老年人能力评估等基础数据，制定与之相匹配的养老服务设施布局规划。鼓励社区卫生服务中心或社区卫生服务护理站与社区养老服务机构毗邻建设，资源互补。

（二）完善扶持政策，加大宣传力度

加强对居家医养服务的政策扶持，通过不断释放政策红利，促进社区居家养老服务的健康发展。一是完善机构运营扶持政策，加强落实对涉及社区养老服务机构和社区卫生服务机构前期建设与后期运营的政策扶持补助。二是完善责任保险政策，促进社区居家养老服务机构与商业保险机构的合作，鼓励支持社区居家养老服务机构投保综合责任保险，制定和推行统一的保险合同、基准费率、服务标准。三是落实社区居家服务机构税收政策，降低社区养老服务供应商自身的税负，免征其增值税，享受与养老机构同等优惠的所得税税率。四是完善医养服务人才激励和保障政策，服

务人员在养老机构内工作特定年限，可考虑给予廉租房优惠、落户优惠政策、社保补贴、岗位补贴等。

加强政策宣传力度，提升老年人对于养老服务的正确认识。一是结合传统媒体与新媒体，通过宣传栏、广播、讲座、电视、微信、微博、互联网等多种宣传方式，利用春节、清明节、中秋节、重阳节等传统节日开展宣传教育活动，对养老服务相关政策、日间照料中心和社区卫生服务机构等运营模式和服务内容进行解释和宣传。二是利用各类服务窗口开展面对面宣传，推动敬老养老助老教育进农村、进社区、进企业、进学校、进家庭，尽快提高社区居家养老服务相关政策的知晓率。三是定期组织宣讲会，组织社区老年人进行参观访问，对于一些行动不便的老年人可进行上门讲解。

（三）建立行业标准，优化评估机制

现行的养老服务标准对提高养老服务质量起到了重要作用，但是我国现有的养老服务标准尚未形成完整的体系，亟须健全养老服务相关行业标准规范，包括医养服务相关的标准规范。完善现行养老服务标准体系，积极制定国家标准《养老护理员国家职业技能标准（2019 年版）》《养老机构等级划分与评定》《养老机构服务质量基本规范》《老年人能力评估》《养老机构安全管理》，推进行业标准《养老服务图形符号标识》《养老机构生活照料服务规范》《居家老年人康复服务规范》《老年人助浴服务规范》等建设工作，加强养老服务相关标准制定、修订的针对性和可操作性。创新养老行业标准化工作机制，建立多元化的养老服务业标准推行机制，鼓励养老服务机构特别是医养结合机构参与国家标准和行业标准的修订，鼓励企业结合自身实际制定依托国家标准和行业标准的企业标准，充分调动第三方组织、行业协会的积极性，确保工作取得实效。

建立卫生健康、民政、医疗保障和市场监督管理等多部门统一规范的评估标准和操作性强的指导手册。引入第三方评估机制，评估对象主要是接受政府部门委托、参与养老服务供给的企业组织和社会组织等主体。评估内容包括但不限于对政府购买养老服务过程和结果进行评估及对养老服务的质量和效率进行评估。加快建立居家医养服务质量评价考核评估体系，包括线下居家医养服务和线上“互联网+”居家医养服务的质量评估。

通过第三方考核评估，加强对社区居家医养服务的监管。

（四）加大资金支持，建立长期照护制度

优化医保定点使用政策，扩大医保覆盖面。对于符合城镇职工（居民）基本医疗保险和新型农村合作医疗定点条件的医疗机构，可申请纳入医保定点范围。同时，由医疗保障等相关部门进行医保试点考察，对符合要求的机构试点开展“家庭医生首诊制”，将符合家庭医生签约服务的具体服务项目纳入医保，确保老年人可以在社区相关服务机构使用个人资金、医疗保险、医疗补助、商业健康保险和护理保险等多种方式来支付服务费用。建立长期照护保险制度，推行长期护理保险，将失能、失智老年人的护理服务纳入医保或长期护理保险范围。

（五）优化功能定位，推进可持续发展

充分考虑所在社区老年人的需求，尤其是失能、半失能老年人对专业医疗服务的刚性需求。因地制宜确定社区养老服务机构的功能定位，尽可能引入相关医疗资源。同时，拓展社区卫生服务机构的服务内容和服务形式。功能不求全、求实用，突出每个社区居家养老服务机构因需求而彰显的特色，降低其运营成本。社区居家养老服务机构应成为社区各项服务的整合平台，通过养老服务提供商整合社区里的各种与养老有关的服务和资源，提高服务质量和效率。

二、服务提供商层面

（一）完善医养服务机制

1. 聚焦刚需精准服务

完善医养服务机制，明确居家养老的核心功能，面向失能、半失能、失智、经济困难、高龄、计划生育特殊困难家庭等具有刚性需求的老年人建立基本服务清单，特别是面向失能、失智老年人及家庭提供专业化服务，满足老年人社区居家养老的迫切需求，进一步明晰政府、社会、市场

在发展养老服务业中的职责边界。同时，在服务提供前和服务提供过程中，要及时对服务对象进行评估、与服务对象或家属签订服务协议。居家和社区养老服务设施建设要进一步整合和盘活闲置资源，避免碎片化建设和重复建设养老服务设施。

2. 调节医养服务供需平衡

针对失能失智、经济困难、高龄、健康活力老年人等差异化养老需求，提供有效供给。一方面制订养老服务地图，合理配置社区卫生服务中心或社区卫生护理站等社区卫生服务资源以及养老照料中心、日间照料中心、养老驿站等社区居家养老服务资源；另一方面充分发挥互联网技术优势，制订精准、多元的养老服务项目包，线上搭建医养服务平台，线下大力布局社区居家医养服务，围绕上门服务将线上线下有机结合，并依托社区掌握的数据，进行服务资源优化配置，为老年群体提供更精准的服务。积极推进"互联网+医疗"，"互联网+护理"和"互联网+养老"多元发展。同时，及时缴纳相关社区居家养老服务保险或雇主责任险等，保障服务对象和服务人员的合法权益。在城乡资源分配方面，对城乡老年人收入情况、养老服务需求进行摸底，统筹协调城乡医养资源分配。

（二）加强人才队伍建设

1. 实现人岗匹配和服务专业化

多措并举推动社区居家养老服务行业繁荣发展，大力加强医养服务人才队伍建设，推动实现人岗匹配和服务队伍专业化。一是建设专业化的服务团队。根据岗位要求从严筛选、从源头把关，明确膳食服务、护理服务、康复服务等一系列居家养老服务所需岗位的权责义务和技能素质要求。二是构建科学合理的养老服务人才队伍体系。打造包括一线服务人员、专业技术人员、养老领军人才在内的梯次分明的人才队伍体系；构建包括老中青三代护理人员的人才梯队；拓宽队伍规模，在现有服务人员的基础上，鼓励家政服务人员、护工、就业困难以及中高职和大学毕业生加入养老服务行列，鼓励符合条件的医师多点执业为医养结合机构提供技术支持。

2. 加大养老人才的培训力度

养老服务人才教育与培训机制不健全是阻碍居家养老服务可持续发展

的关键因素之一，完善养老服务人才培训机制。一是采用现代培训方式，提高培训效率。加强在线教育，对于一些基础培训可采用网络课形式，发布在线课程、实操课程、模拟考试、能力资格考试等相关信息。采取订单式培训，加深校企合作。二是建立领军人才计划。选拔养老机构的高级管理人员跨省交流、跨境交流，开阔视野，学习国内外先进的养老管理模式，打造行业的领军人物、行业模范。三是增加失智失能照护、安宁疗护和临终关怀以及急救等知识和技能的培训，提高专业服务水平。

3. 健全激励机制，提高人才队伍稳定性

一是打通职业晋升通道。探索建立养老服务人才职称体系，让养老服务的从业者看到个人职业前景。尤其是对于连锁化的企业，给予优秀的养老护理员或医疗护理员晋升护理主管或站长的机会，建立技术岗位与管理岗位的衔接通道，使其明晰自我发展空间。二是开展评比活动提升从业人员认同感。制作与养老服务人才相关的公益广告及电视节目，在电视、网络、报刊上开展“最美养老院院长”“最美护理员”评选活动，提高从业人员的职业荣誉感；开展孝心评选活动，增强养老服务从业者的社会价值感与职业责任感；树立养老行业的劳动模范，提高养老服务从业者的社会地位。

（三）完善服务设施建设

1. 加大适老化改造力度

推进适老化改造工作，加强适老化改造力度是逐步推进养老服务设施建设的重要举措，改善老年人家庭居家设施，为社区居家的医养结合服务创造条件，增强老年人的幸福感和获得感。对于没有电梯的老旧小区，服务提供商在对其进行电梯化改造过程中，在外部加挂电梯应注意电梯深度、按钮高度等方面，采用适老化设计。同时，充分考虑残疾老年人的需要，保证轮椅和急救担架进出的便利。在小区的道路旁、公共绿地、健身场地、走廊、楼梯平台等区域，应适量增加休息座椅，还可以对公共的场地进行人文化的改造，使老年人在短暂休息之余心灵得到较大的慰藉。在改造道路的过程中，强化小区的道路、出入口、区域的识别标志，通过标志物、颜色、灯光等方便老年人及时识别。

2. 提升辅具配置水平

随着机构养老服务辐射社区和居家老年人的不断推进，专业化的护理服务、安全的无障碍环境和康复辅具逐渐得到老年人的信赖，使老年人获得家庭养老所不能得到的护理和康复服务。一是根据老年人需求配置辅具设施。继续开展康复辅助器具社区租赁服务试点工作。根据老年人的生理状态分为正常、半自理、不能自理等功能区，按照不同的需求标准配置辅具，能极大地减少辅具投入的成本，更能减少护理人员的工作量。二是推进辅具的智能化水平。随着科技的不断发展，机器人及AI技术不断地进入养老行业，促进养老服务机构辅具配置的智能化建设刻不容缓。可借助物联网、云计算、大数据、人工智能及应用软件开发等的支持，加快辅具设备的数字化、智能化改造，发展个性化定制。

（四）贯彻落实服务标准

一是宣传实施已发布的《养老服务标准体系建设指南》《养老机构等级划分与评定》《养老机构服务质量基本规范》《社区老年人日间照料中心服务基本要求》《社区老年人日间照料中心设施设备配置》《建筑设计防火规范》和《老年人照料设施建筑设计标准》等标准。二是加强养老行业自律管理。鼓励养老服务机构自行成立行业自律管理公约，充分发挥养老行业诚信自律，规范经营者和从业人员的经营、服务行为，提高行业整体素质，保护老年消费者及养老服务机构和组织的合法权益，促进养老服务业快速发展，提高养老行业的社会责任感。逐步加强宣传引导的力度，加强行业信用建设，建立覆盖养老服务行业法人、从业人员和服务对象的行业信用体系，利用“互联网+”推进养老服务标准实施，真正为老年人提供优质而高效的服务。

（五）优化医养服务供给

1. 优化上门护理服务供给

一是加强人员管理，严格考核，定期评估。完善与医院、社区卫生服务中心、社区卫生服务站的联系网络；密切关注老年人身体状况，制订个性化的护理服务方案。二是明确服务定位。扩展丰富其服务内容，优化上门护理服务过程中的配套设施，提升服务质量与水平。三是加强宣传与沟通。宣传居家医养服务相关内容，采取多种方式与老年人建立信任关系，积极与老年人及其家属保持沟通，使全体居民认识到健康护理的重要性。

2. 优化上门医疗服务供给

一是制定风险防范应对措施。严格审核医护人员职业资格，制订个性化服务计划；建立相关突发事件应急处理机制，完善保险合同，实行居家养老护理责任险及老年人人身意外伤害保险，将从事社区居家养老服务的从业人员及服务对象都纳入保障范围，以保障在服务提供过程中老年人及服务人员的合法权益。二是优化服务内容。在厘清服务内容与标准的前提下，选拔专业医护人员，投入配套设施，为老年人提供精细、标准的个性化定制服务。

3. 优化上门助浴服务供给

一是完善优化服务的相关条件。改造适老化设施，优化助浴条件，为老年人提供较为完善的洗浴设施设备；制定统一服务规范，明确具体的服务质量评估、收费标准和清洁标准规范。二是建立风险防范措施。保障老年人人身安全，做好安全保护措施，配备专业诊疗设备，优化助浴基础条件。保障老年人财产安全，推行相应管理办法，并辅以相关的安全监督机制。与老年人及家属保持沟通，建立相互信任关系，消除老年人的抵触情绪。保障上门护理人员与机构的合法权益，明确责任边界。

4. 优化上门助餐服务供给

一是完善助餐服务监管措施。在膳食卫生、膳食营养、膳食价格、用餐标准等方面制定明确标准和管理监督办法。二是优化服务质量。按照政策需求，在食品安全、菜品质量等方面严格保障；优化送餐、助餐服务的配送与服务形式；加大宣传力度，扩大助餐服务的覆盖范围，使更多老年人享受到便捷服务。三是改进服务内容。为不同身体状况的老年人制订个性化配餐服务，加大研发投入，制定老年营养餐科学标准。

三、老年人层面

要解决老年人接受居家医养服务过程中出现的问题，预防和规避潜在的风险，需要政府、社会力量、服务机构以及老年人及其家属等多元主体的共同参与，多措并举，切实保障老年人合法权益。

（一）树立正确消费观念，培养积极的消费习惯

老年人传统观念较重，消费意识较为保守，多为“重积累、轻消费”，而老年人消费心理又与其收入有直接联系，老年人对当前可支配收入和预期收入的考量影响其消费的行为和习惯。一是全社会需要加强对老年人群体现代化消费观念的鼓励宣传和文化氛围的营造，转变老年人固有的“重储蓄、轻消费”的传统消费观，以逐步发挥出老年市场的巨大潜力，促进老年人市场持续健康发展。二是加强对老年人群体的消费意识和观念的教育，街道社区等应积极开展消费观念宣传教育主题活动，引导老年人群体的消费观念实现良性健康发展。三是鼓励商业保险开发老年人相关保险险种，包括但不限于意外伤害保险、医疗保险和长期护理保险等。鼓励年轻子女为父母缴纳商业保险或储蓄健康保险，撬动子女为老年人消费的潜力。

（二）倡导积极老龄观念，强化老年人自立意识

一是要大力倡导积极老龄观，树立“新老年”观念和开放包容的心态，老年人要积极转变自身角色，正确认知自身，适应老年生活。同时积极主动接受居家养老服务，解除戒备心理，与服务机构和服务人员密切联系，互相理解，融洽相处。二是老年人要树立自立意识，减轻对国家、子女的依赖。加强对老年人的心理健康教育，树立终身发展理念，树立积极老龄化、健康老龄化的人生观和价值观，身心健康且能力较强的老年人要积极参与社会建设，鼓励这部分老年人“再就业”，拓展老年人发挥作用的领域。退休老年人可以根据自身情况，在子女或社区的帮助下规划退休生活，活跃的老年人可以发挥其自身力量为社会作贡献，尤其发挥在文化娱乐类、医学保健类、社区公益类活动中的作用，在社区的支持和帮扶下，老年人可以自发组建社团和兴趣小组，实现老有所为，在开设老年兴趣培训班、联合老年大学设立课堂中，不断充实自我，实现老有所学。

（三）学习法律法规知识，提升维权意识与能力

一是努力学习法律法规知识。鼓励老年人要积极参与社区开展的居家养老服务相关法律法规宣传教育活动，尤其是关于老年人维权、法律援助服务等现场咨询或宣传活动，在不断学习中提升自身法律维权意识，当合法权益受到侵害时，要寻找合理的途径进行维权。同时，了解老年人权益保障法、反家庭暴力法等法律法规和优待政策，尤其是关注各级法律服务网（12348 网）举办的“老年人防骗维权”“遗嘱见证”等专业法律服务项目，在了解典型案例的过程中，学法、懂法、用法。二是对于失能、失智等特殊老年人群体，因其自身缺乏独立维权能力，在发生虐老、侵权事件时很难及时处理，因此失能、失智老年人监护人要提升法律意识和维权意识。失智、肢体残疾等特殊老年人群体在维权时，可以由监护人主张权利维护，或由其近亲属维权，必要时亦可由老龄协会、所在社区以及残联、妇联等相关的组织进行维权。

下篇

入住医养结合机构老年人权益保障

第六章　医养结合机构老年人权益纠纷类型及原因分析

目前我国养老机构内老年人权益纠纷案件不断发生，课题组经过实地调研、座谈会交流、文献收集和网络信息检索等多种方式获取纠纷案件资料。通过对资料的汇总和整理，从老年人权益角度出发，可以将这些纠纷分为五类，分别为老年人意外事故类权益纠纷、老年人身心伤害类权益纠纷、老年人服务提供类权益纠纷、老年人财产及个人信息类权益纠纷和其他类权益纠纷。

一、老年人意外事故类权益纠纷

（一）火、电、燃气等意外事故权益纠纷原因分析

原因：（1）养老机构设施规划设计存在隐患。因部分养老机构使用的房屋为后期改造，没有严格按照养老机构用房来规划设计，存在电线线路老化、房屋耐火等级低、疏散通道不足、消防用水设计不规范等问题。（2）用火、用电、用燃气过程不规范。养老机构内存在工作人员或老年人使用大功率电器、烧火等情况，增加了意外事故发生的风险。（3）老年人吸烟。烟火为发生火灾意外事故的隐患之一，老年人在养老机构内吸烟也是导致养老机构意外事故发生的重要原因，尤其是未熄灭的烟头容易点燃易燃易爆物品。（4）管理不善。养老机构管理人员消防安全意识淡薄，没有定期对机构内生产生活用电、用火等方面进行安全检查和监控。（5）政府监管部门未建立定期检查机制。政府监管部门对于养老机构安全情况的定期检查不到位，导致一些安全隐患得不到及时发现和处理。

案例 1：鲁山火灾事故是 2015 年中国特大火灾事故之一。5 月 25 日，河南省鲁山县城西琴台办事处三里河村的一个老年康复中心发生火灾，起火原因是电器线路接触不良，温度过高导致附近的易燃物起火，事故发生前有常住老年人 130 人左右、工作人员 25 人。火灾造成严重伤亡后果，共 39 人死亡，大多数是老年人，起火位置为不能自理区，由于该区域都是一些不能自理的老年人，发生火灾后他们也无法自己逃生，该事故经认定是一起生产安全责任事故。过火面积 745. 8 平方米，直接经济损失 2064. 5 万元。事故发生后共有 31 人被司法机关采取措施处理，27 人受党纪政纪处分。

（二）老年人身心特点导致意外事故权益纠纷原因分析

原因：(1) 老年人生理原因。由于老年人生理健康状况较差，容易导致自身意外事故发生。如受体质、自理能力等因素影响，老年人易发生骨折、跌伤、磕碰、猝死等现象，进而家属与养老机构产生纠纷。(2) 老年人心理原因。随着老年人年龄的增长，其感知觉器官也逐步退化，对外界环境的反应变慢，适应能力下降，控制能力减弱。因此，老年人很容易产生烦躁、易怒等情绪，最终导致心理抑郁、孤独、焦虑，部分老年人患有阿尔茨海默病等疾病，这些都易导致老年人走失、受外伤等意外事故发生。

案例 2：入住在某养老机构的李某患有阿尔茨海默病，一天上午，在大家没注意的情况下，独自一人走出养老机构的大门，直到中午吃饭时养老机构才知晓他的出走。于是包括李某亲属在内的寻人队伍开始寻找工作，直到晚上 10 点终于在几千米以外的郊区找到了李某。由于天冷，再加上李某已经意识不清，身体多处受了外伤，随即养老机构将李某送到医院进行住院治疗，后续李某及家属则与养老机构产生纠纷。

（三）养老机构设施设备导致的意外事故权益纠纷原因分析

原因：(1) 老年人对康复娱乐等设备使用不当。老年人在使用养老机构内的设施设备时，由于不熟悉操作流程、操作不规范，缺少护理人员照看或护理人员使用设施设备不当，导致老年人意外伤害事故发生。(2) 养老机构缺乏安全应急设施。由于养老机构缺乏报警按钮、逃生通道等设施设备，导致老年人在面对突发情况时缺少急救措施保障，从而发生意外事故；此外，也缺少消防、安全保卫、应急疏散、防跌倒、防坠床、防自残（自杀）、防走失、防伤人和医院感染防控等安全设施和设备。(3) 缺乏适老化设计。养老机构缺乏无障碍扶手、坡道、电梯等适老化设计，不能适应老年人生理需求，容易给老年人出行和日常生活带来不便甚至引发意外事故。

案例 3：82 岁的王某思维有些障碍，一直和儿子同住，老伴儿 3 年前去世。去年，由于儿子工作忙照顾不及父亲，便将父亲送到养老院并签订了全护合同。某一天，王某感觉身体不适有低热，想去厕所也不见护理员过来，床头呼叫器最近发生故障又不好用，于是他一个人独自去厕所时摔倒在地，摔伤了头部及踝骨。根据《老年人建筑设计规范》的相关规定，作为养老机构在必要的场所安装配置呼叫器是应该的。这是维持老年人在机构里安心舒适生活的必要条件。该养老院虽安装了呼叫器，但未能在出现故障时及时修理，造成老年人在需要护理时无法呼叫，护理员又不能及时到位而独自行走摔倒。所以，呼叫器故障是导致王某摔倒的主要原因。同时，王某意识不清，对安全能力已缺乏判断，因此养老院要承担相应的赔偿责任。

案例 4：张某从 2009 年 7 月就入住养老院，当时约定养老院提供基本的生活设施，以及完善的护理流程与管理章程。2012 年 8 月 26 日凌晨 1 时左右，负责夜间巡视的护理人员发现张某所住房间内亮灯，遂进屋查看，发现他摔倒在床边。护理人员称，经其询问，老人称不用通知家属。早上 6 时 40 分，养老院通知了家属，家属在 7 时赶到，并把老人送至医院。经诊断，老人左股骨颈骨折，并做了左股骨头置换术。1 个月后，张某因“肺部感染、呼吸衰竭”药物治疗无效临床死亡。审理此案的法官认为，北京市质量监督局制定的《养老服务机构服务质量标准》中规定，养老机构的服务范围均应包括有安全保护服务，安全设施包括提供床挡、防护垫、安全标识、安全扶手、紧急呼救系统。本案中，养老院为老年人提供的房间内仅有基本住宿设施，没有床挡、防护垫、安全扶手等符合老年人需求的安全保护设施，在审慎管理和安全保障方面，存在不足之处，对老年人的摔伤存在过错，应承担相应的赔偿责任。最终，该院判决养老院赔偿张某家属将近 15 万元。

二、老年人身心伤害类权益纠纷

老年人身心伤害类权益纠纷包括养老机构内工作人员的虐老行为，以及老年人之间或第三方对老年人实施的侵害。其中，第三方是与养老机构不存在劳动合同关系、劳务关系或者管理关系的人员，一般是指除了养老机构工作人员以及其他入住老年人之外的人员。

对于养老机构的工作人员实施侵权行为造成老年人的人身伤害，应当由加害人承担责任，养老机构承担连带责任。对于第三方侵害，直接原因是第三人的直接侵害行为，间接原因是养老机构没有尽到相应管理、保护等义务的消极不作为，养老机构应承担补充责任。

（一）虐老事件权益纠纷原因分析

综合以往的事例来看，虐老事件发生的原因有以下几点：（1）就客观环境而言，工作环境差、工作压力大引发护工自身心理消极、抑郁，进而影响自身工作，表现在服务老年人时态度恶劣、缺少关心。（2）就护理员而言，虐老行为直接反映了护理员的职业操守低下、道德观念淡薄，说明护理员缺少相应的思想教育与职业培训。（3）就养老机构而言，护理员虐待老年人行为频发反映出养老机构的管理不力，而更深层次的原因在于有关制度规范的不健全，源头上来说在于招聘人员时把关不严。（4）就老年人自身而言，老年人属于弱势群体。由于老年人大都自身生理、精神健康状况较差，受到虐待后无力反抗甚至申诉无门。同时，有的老年人缺乏维权意识，遭受虐待后不懂得正确行使权利维护自身利益。(5) 子女对老年人缺少关心和探望是发生老年虐待的隐患之一。很多子女对父母缺少关心，如长期没有探望，往往不能及时发现老年人被虐待。

（二） 老年人之间及第三方伤害事件权益纠纷原因分析

第三方引起的意外事故，通常是指养老机构内部老年人之间和外界原因造成的养老机构老年人受伤害等。分析以往案例，主要原因有：(1) 老年人自身存在精神缺陷和失智情况。有的失智老人脾气暴躁、动辄骂人，有精神缺陷的老年人在精神病发作时很可能会给其他老年人带来严重的人身伤害。(2) 养老机构内老年人之间存在利益摩擦、相处不融洽，导致伤害事件发生从而产生纠纷。养老院中的房间很多都是两人间或三人间，由于生活习惯的不同，摩擦和冲突在所难免。(3) 其他的利益纠纷波及老年人。有的养老机构可能与外界社会存在一定的利益纠纷等其他问题，而双方的一些过激行为可能会转移到老年人身上，对老年人造成人身伤害。

案例 5：2015 年一敬老院中，老人于某给另一名老人王某按摩，后王某腿骨折瘫痪，王某亲属将于某与敬老院一同告上法院。法院经审理认为，原告没有提供证据证明于某按摩行为与王某的骨折存在因果关系，故其要求于某承担赔偿责任的诉讼请求，法院不予支持。王某作为多重残疾人，患有多种疾病，家属理应悉心照料，王某家属却将其送至敬老院，不顾其健康与安全。王某在敬老院住院期间发生骨折，虽然敬老院没有过错，但法院酌情确定敬老院承担王某损失 10%的补偿责任。因此，法院判决敬老院补偿原告家属 1 万余元。

三、老年人服务提供类权益纠纷

因服务提供引起的责任纠纷，主要是指在服务过程中因养老机构没有尽到照护、医疗等其他服务职责造成老年人权益损害，养老机构应担负全部责任。对于养老机构聘用的管理服务人员不具备上岗资格，或者存在精神疾病或传染疾病，但未采取必要措施，导致老年人人身受到伤害的，养老机构也应承担侵权责任。此外，对于养老机构采取劳务派遣方式对老年人造成损害的，也应由养老机构承担侵权责任，派遣单位有过错的，应承担补充责任。若服务人员或派遣单位本身有过错的，养老机构承担责任后，可以依照法律规定或聘用（劳动）合同约定追偿。

（一）老年人照护服务权益纠纷原因分析

照护服务的纠纷原因主要是照护失当，照护人员照护失当的原因有：(1) 照护人员的专业素养和服务技能差，对照顾老年人的工作内容和风险缺乏理解，因而不能提供有效的照护服务。(2) 养老机构对服务人员的监督管理缺位，既没有发现服务人员日常工作的不妥当之处，也没有定期考核，甚至发现问题也会避重就轻，小问题往往酿成大悲剧。(3) 对服务人员的培训不够重视。有些机构认为培训既要增加经济负担又要花费时间，在护理人员的培训上投入不足，导致护理人员缺乏专业的护理知识与技能，增加了服务风险。(4) 老年人入住养老机构未核实健康状况并划分护理等级，入住管理不善。由于没建立健全老年人健康档案，首次入住没有提供老年人的健康体检报告等原因，导致老年人没有得到合理规范的照护服务。(5) 没有定期评估老年人身体状况。养老机构没有随老年人的身体状况和服务需求来调整老年人的护理计划，导致老年人没有及时获得所需的照护服务。

案例 6：83 岁的孙某在养老机构生活时，身体出现不适，左手手背有明显受伤痕迹，后住院治疗未再回养老机构。出院后，孙某将养老机构起诉至法院，要求退还缴纳的费用并支付住院期间的医疗、护理、精神损害费用。根据双方提交的证据及详细陈述，法院发现，在养老机构期间，护理人员在孙某不配合的情况下，试图自行采取喂药、物理降温等措施，未全面尊重孙某本人的感受，并导致孙某手背受伤的后果。根据双方《托养协议》的约定，这种情况应视为确认解除了双方之间托养协议，孙某已缴纳但未到期的各项费用应予以退还。法院认定养老机构一定程度上未尽到护理职责，判决养老机构将孙某预缴的相关费用予以退还。

（二） 老年人膳食服务权益纠纷原因分析

这一类侵权行为的原因在于养老机构自身，因其提供的食品不符合卫生安全标准，养老机构要承担全部责任。老年人膳食服务纠纷原因有：（1）养老机构对食物采购、运输、存储、制作、分发等环节的安全把关不严格导致了老年人膳食服务不安全。（2）护理人员对饮食疏于检查。如每日供应给老年人的食物有的已经过期，或不适应老年人的身体状况，而护理人员还未察觉，由此给老年人带来人身伤害从而引发纠纷。（3）没有重视特殊饮食，或制作不符合老年人生理心理习惯和民族饮食习惯的食物。有的老年人存在高血压、高血糖等特殊疾病，而养老机构没有控制老年人的进糖进盐含量，还有的老年人有特殊的饮食习惯，而养老机构没有为老年人提供符合其需求的食物。

案例 7：2007 年 11 月的一个下午，童某的亲戚带着食物来到一所敬老院看望童某，没想到，在进食时童某被食物噎住，护理人员立刻来到现场对童某进行施救，但未见效，不久童某死亡。后确认童某系因窒息死亡。死者家属认为童某及其妻与敬老院签有入住协议，敬老院有义务妥善照顾童某的日常饮食起居，当童某被食物噎住后，及时施救并拨打 120 急救电话是敬老院的义务，而不应擅自决定放弃救治。敬老院辩称，食物是死者亲戚带来的，危险发生后，护理人员及时赶到现场并施救，在未见效的情况下，即征询该亲戚的意见，其表示人已经不行了不用拨打 120，因此，敬老院已经尽到相应的义务，不应赔偿。最终双方达成了调解协议，敬老院赔偿死者家属 6 万元。

（三） 老年人医疗服务权益纠纷原因分析

医疗纠纷的原因主要有：（1）有些医护人员自身能力水平有限，对老年人出现症状的观察力度不够，也没有熟练掌握心肺复苏等急救操作，导致老年人在需要医疗急救的时候得不到及时救助。（2）没有及时送医，以致延误了最佳抢救时机。（3）医疗器具使用不规范。部分养老机构没有严格按照有关规定与要求，规范使用和管理康复、治疗、护理等设备、耗材、消毒药械和用品，导致医疗事故纠纷的发生。（4）养老机构不具备完善且可执行的医疗应急预案，缺少定期的医疗救援应急处理能力的培训和演练，在遇到紧急医疗救援或突发意外事件时缺乏能够及时启动、有效实施、最大限度保障人员安全的医疗应急机制。（5）各级卫生健康行政部门对养老机构的医疗卫生安全监督不到位。卫生健康监督机构缺少定期对养老机构医疗卫生安全监督的机制，对养老机构内的医疗安全问题监管不到位。有的卫生健康监督部门在发现问题后，没有及时责令整改，为养老机构的医疗事故埋下隐患。（6）人员缺乏资质。养老机构内从事医疗服务的工作人员未能满足岗位职责需求，存在医疗人员不具备相应资质的情况。（7）没有建立良好的沟通机制，在发生事故时没有保障患者的知情同意权并维护其合法权益。

案例 8：入住在某养老院的王大爷 71 岁，得到的是二级护理照顾。王大爷平时身体尚可，有一天凌晨 4 点左右，护理人员发现他的脸色异常，面部浮肿，满头虚汗。由于凌晨人手少，护理员没有及时告知院总值班，早晨 6 点多，护理员再到房间看王大爷时才发现他已去世。护理员说不清王大爷具体的死亡时间，这让家属对老年人的死亡提出了质疑：老年人应该是因病死亡，在凌晨出现的症状应该引起护理员的警惕，告知行政值班人员送医院或者请医务室医生来就诊，并及时与家属联系告知情况。但该护理人员在老年人出现不正常情况时并没有任何处理，直到两小时后才去看他，发现老年人已经死亡。家属认为由于护理员的疏忽，致使老年人在应该得到治疗的时候未能及时救治，从而延误了抢救的时间，所以对发现病情却没有及时救治老年人的养老院索求赔偿。

（四）其他服务权益纠纷原因分析

其他服务包括康复服务、精神文化服务、临终关怀服务等，造成这些纠纷的原因有：（1）缺乏有效沟通。养老机构没有开展相应的康复、精神慰藉、临终关怀等服务，或者没有及时了解老年人的服务意愿和心理变化，导致老年人产生不满、抑郁等情况。（2）服务协议及计划失当。养老机构与老年人在提供其他服务时没有签订相关协议书，也没有由专业人员根据老年人的需求，对老年人的身心受限功能水平进行评估，并根据评估的结果确定相应服务的目标、措施和计划，影响了老年人接受服务的质量。(3) 缺乏安全教育和防护。养老机构没有履行对老年人的安全保障义务，这一类情况下，养老机构应当承担全部责任。有些养老机构在组织老年人精神文化活动或院外活动时，没有对老年人进行安全保护教育并采取合理安全防护措施，或者没有向老年人说明安全操作规程，没有在可预见的范围内提供必要的防护措施，或者给老年人安排了超过自身生理机能承受范围的活动。

案例9：卢女士将86岁的母亲送到某养老院，每月缴纳850元。此后她去养老院看望母亲时发现，养老院内的老年人虽越来越多，但护理人员却在减少，服务质量也不如以前了，而且老年人也对养老院的护理不满。第二年2月17日，卢女士将母亲接回家中过年，之后母亲便不肯再回到养老院。见母亲态度坚决，卢女士3月1日找到养老院要求结算2月份的养老费，却被养老院以各种理由拒绝，气愤之余卢女士就将养老院投诉到了工商所。接到投诉后，工商执法人员立即组织双方进行调解，经过工商人员协调，养老院同意退还卢女士2月份的护理费用300元。

四、老年人财产及个人信息类权益纠纷

（一）以“投资养老”为名的非法集资权益纠纷原因分析

该纠纷原因主要在于：(1) 企业非法融资套利。有的民营养老机构所提供的服务名不副实，通过“会员候鸟式养老”“以房养老”等名目诱骗老年人购买服务或进行投资，导致很多老年人上当受骗，实际上只是以养老名义进行的房产或旅游营销。对养老服务，以及承诺的资产收益不能兑现。(2) 老年人防范意识低，易受利益诱惑。老年人被骗“养老钱”，说明老年人对养老服务的需求较高，而不法分子往往利用老年人“老有所养”的迫切心情，同时又缺乏法律保护意识、爱跟风易轻信等弱点，以养老建设项目或与养老相关的健康养生项目为诱饵，通过高息回报、预订床

位、预存费用等方式，再施以免费旅游、赠送礼品等小恩小惠，进行集资诈骗，非法吸收老年人存款。（3）老年人对金融投资知识不了解，缺少鉴别正规投资渠道、合理投资方式的能力。目前部分老年人有需求也有一定的资产进行金融投资活动，但老年人对当前金融投资形式不够了解，接受新生事物能力比年轻人弱，对新生的各种非法集资形式难以辨别，防范非法集资的意识不强，容易被不法分子盯上。（4）我国养老服务业对资金的监管还处于起步阶段，监管部门对其监管力度不够。非法集资组织以各种名义借助现存的监管漏洞进行违法行为，老年人作为弱势群体，没有更好的方式去举报或者曝光。

（二）老年人财产侵害事件权益纠纷原因分析

老年人受到财产侵害的原因主要有：（1）人员管理不善。养老机构对机构内和机构外人员监察不力。首先，养老机构内部人员由于贪图老年人财物，可能会作出侵害老年人利益的行为；其次，养老机构也可能没有对出入机构的人员进行严格检查，可能会让机构外的不法分子进入机构，造成推销保健品、行骗、盗窃等损害老年人权益的事件发生。（2）老年人自身防范意识不足。老年人往往安全意识较差，反应能力较慢，容易受到欺骗，造成财产损失。

案例 10：2016 年 12 月 7 日，某敬老院的留守老年人高某发现自己在敬老院昏迷被送往医院救治期间，身上的 2500 元现金不翼而飞。当地警方接到报警后迅速破案。令人意想不到的是，盗贼竟也是敬老院的老年人。据高某称，失窃的 2500 元钱是他用于治病的全部积蓄。伤心之余，高某也立即到当地派出所报警。通过一系列摸排走访工作，搜集掌握到充分证据的情况后，警方人员初步锁定敬老院的另一名老年人李某有重大作案嫌疑，后对其进行审查。原来李某在敬老院高某寝室内，看见高某放置在枕头旁裤包内的钱夹外露，顿时心生贪念，趁高某昏迷之际，将钱夹内的 2500 元现金盗走。

（三）个人信息隐私安全权益纠纷原因分析

发生该类事件的原因有：（1）缺乏有效沟通和安全管理。养老机构内大部分老年人年龄较大，患有一定的老年疾病，养老机构为照顾老年人迫于无奈安装监控设备，认为安装监控可以实施监督护工行为、观察老年人生活状态，但老年人反映此举侵犯了自身的信息隐私安全。（2）缺乏有效信息的安全管理。养老机构的信息系统内存储老年人及其家属的大量信息，而养老机构由于信息系统存在漏洞、工作人员操作不当等导致老年人相关信息数据外泄，从而导致老年人日常生活遭到不法分子的骚扰甚至侵害。

五、其他类权益纠纷

（一）养老机构服务协议权益纠纷原因分析

因养老机构服务协议问题导致的权益纠纷，原因主要有四点：（1）老年人签订协议时忽略免责条款。有的养老机构与老年人签订养老合同时往往会规定很多免责条款，老年人发生意外后，养老机构以免责条款为由，拒不承担责任，从而引发纠纷事件。（2）子女代替老年人签订协议。老年人子女代替老年人与养老机构签订协议，老年人并不知情，而当老年人发生意外事故时，养老机构以老年人不遵守协议而拒绝赔偿，从而引发纠纷。（3）养老费用支付标准不清。养老机构根据老年人入院时的身体状况进行评级，并收取该等级的护理费用，随着老年人身体状况的变化，护理费用和标准也随之变化，而老年人和家属及养老机构由于信息不畅通，容易导致纠纷。同时，养老机构自身收费标准也是千差万别，难以规范化、合理化。（4）养老机构服务合同示范文本的宣传和落实不到位。民政部与工商总局联合印发的《养老机构服务合同》（示范文本）旨在规范养老机构服务行为，保护合同当事人的合法权益，使养老机构服务合同能更全面、准确地反映养老机构服务全过程的内容，然而该政策的宣传和落实还不到位。

案例11：因子女在外地工作，没有时间和精力照顾63岁的王某，2012年3月，其子女将王某送至养老院，并与养老院签订“限制外出”条款，即除周一、二、三早8:00—10:00，其余时段没有子女、养老院许可均不得外出，否则发生意外由子女承担。2013年2月，王某未经养老院与子女的同意擅自外出买烟，发生车祸，腿部骨折，造成5级伤残，花去医疗费用4万元。养老院以王某发生车祸是由其不遵守协议擅自外出造成拒绝赔偿，因而王某诉至法院，称此协议其并不知情，子女无权代替王某签订该类限制人身自由的协议，而自己出去买烟属于其人身自由，其护工也并未起到监护、照看义务从而导致车祸发生，所以养老院应当承担赔偿责任。最终法院判决养老院承担30%的赔偿责任。

案例12：2010年12月，袁某与老年公寓签订入住协议，明确约定：老年公寓为袁父提供养老服务。根据入住时其健康状况及日常生活自理能力，确定护理等级为专护二级，护理服务费900元/月；老年公寓将根据身体情况变化调整护理等级、入住房间、床位及护理费。2011年2月，经评估，袁父自理能力为“中度依赖”，护理级别降低为“一级护理”。2013年4月，经再次评估，袁父自理能力为“重度依赖”，护理级别又回到了“专护二级”。而此时，按照相关规定，该级别护理费标准已由每月900元提高到1800元。对于护理级别的调整，袁某在护理登记变更表上签名确认，并按调整后的标准支付了护理费等共计6150元。其后，袁某对4月份评估报告产生异议。福利院向评估事务所申请复评，复评结果仍为“重度依赖”。2013年8月，袁某拖欠护理费超过两个月，老年公寓书面通知其办理离院手续未果后诉至法院，请求判令解除合同、支付托管费、护理费等1.2万元及相应违约金。

（二）老年人及家属自身权益纠纷原因分析

老年人自身或其家属过错导致老年人权益受损害，如养老机构已经尽到安全保障义务，则损害应当由老年人或家属承担；如养老机构未能完全尽责，但由老年人及家属的过错导致损害直接发生或者损害后果扩大的，应当减轻或者免除养老机构责任。

老年人及其家属负主要责任或非养老机构主责的权益纠纷原因有以下

四点：（1）家属及老年人刻意隐瞒病情，进行“养老闹”。现在存在一部分老年人家属故意隐瞒老年人病情的现象，老人首次入住养老机构，如果老年人家属不提供老年人的健康体检报告，造成养老机构档案缺失，日后若发生纠纷，养老机构将因不能提供有力证据而陷入被动的不利局面。（2）老年人家属恶意中伤养老机构。养老机构与老年人家属发生纠纷时，家属若对处理结果不满意，往往采取上访、网上发帖等方式，有时会故意夸大事实偏袒自己，将养老机构置于风口浪尖。（3）老年人遗嘱纠纷。当老年人有立遗嘱的需求时，养老机构与老年人没有严格遵循相关程序，进行规范的立遗嘱操作，导致日后老年人亲属对遗嘱产生质疑等相关问题时与养老机构发生纠纷。（4）老年人故意纵火。养老机构内还存在老年人泄私愤纵火的情况。

案例 13：2014 年 4 月，来自邵阳的 60 岁邓某被儿子送至株洲市三湘福星园老年公寓，其儿子故意隐瞒病情，声称邓某为轻度阿尔茨海默病，经入院近一个月的观察，老年公寓发觉邓某举止行为异常，疑似有精神疾病，遂通知邓某儿子带其去株洲市三医院检查。某天，邓某翻越围墙私自离院，被湘潭救助站发现并收容。从救助站接回邓某后，老年公寓与其子协商要求办理退院手续，邓某疑似患有精神疾病，按入住协议和规定，老年公寓不得接纳。邓某的儿子不愿意办理退院，一再恳求继续接纳邓某在院，老年公寓和邓某儿子签订了特别协议。然而一个月后，邓某再度翻墙离院，老年公寓立即报警后四处寻找，但一直未果。一年后，邓某儿子要求索赔，理由是自 6 月 19 日再次走失后一年内，邓某的体重严重下降，受到不少流落在外的折磨，要求赔偿 5 万元。老年公寓据理力争，视其为无理要求，结果遭到威胁，随后报警。经邓某家乡邵阳市公安局调查了解，方知邓某从 6 月 19 日出走数月后已回到邵阳老家，但其子并未通知老年公寓。据邵阳市公安局出具的证明显示邓某有精神类疾病，经常有突然离家出走的异常行为。老年公寓将此证明出示给邓某的儿子，并作出一定承诺，最后将邓某入院两个月以来交费共计 4000 元退还给邓某的儿子，作为邓某的营养费补偿给邓某的家属。

第七章　应对入住机构老年人侵权纠纷的境外经验与启示

鉴于老年人身心状况的特殊性和机构养老服务的复杂性，老年人与养老机构之间的纠纷是各国和地区在发展养老事业时难以避免的问题。对于养老机构来说，“一个案子拖垮一个机构”并非夸张；对于老年人及其家属来说，健康或财产的损害一旦发生，后果往往难以用金钱弥补。近年来，随着我国养老机构的发展，养老机构纠纷问题屡见报端。因此，如何积极地预防纠纷、妥善地处理纠纷，是发展养老机构和保障老年人福利的重要议题。报告总结了英国、美国、日本、新加坡以及我国港台地区的相关做法，为大陆地区解决养老机构老年人纠纷问题提供借鉴。

一、境外应对养老机构纠纷的做法

（一）英国：第三方医护责任信托制度

英国并没有独立意义的“养老机构”，作为国民健康服务体系（National Health Service，NHS）的一部分，照护机构收住老年人，提供住宿、日常生活、护理等服务。《2014 年照护法》（*Care Act* 2014）实施之后，社会照护服务和医疗卫生服务有所融合，尤其体现在社会照护需求、服务的相关标准制定方面。在收住老年人、服务监管、纠纷处理方面，均体现了 NHS 倡导的全民平等、保障尊严、保证质量等价值追求。

在纠纷预防方面，英国做了大量需求评估、质量监测领域的标准化工作，来预防老年人和养老机构的纠纷。民众只有在经过地方政府进行的健康照护评估之后，才能确定是否需要进入养老和照护机构。第三方按照统一的服务质量标准和员工指南进行监管，对不符合服务质量标准的机构督促整改，并向公众发布各机构的评级信息。在纠纷发生后，民众可以从相关机构官网或信息服务机构清楚地了解多层投诉和举报机制。最后，保护隐私前提下的信息共享贯穿了纠纷预防、处理、善后的全过程。

对于纠纷的处置，英国的做法主要为：建立用户投诉、申诉和举报机制；建立第三方医护责任信托制度。其中建立第三方医护责任信托制度是英国的典型做法。

建立用户投诉、申诉和举报机制。在医护领域，英国设立了多层次的投诉和举报机制，相关机构官网明确列有投诉和举报的过程以及对举报者的建议。比如，英国医疗服务质量委员会（Care Quality Commission，CQC）介绍了以下投诉、申诉和举报机制[1]：

- 法律规定，医护服务提供者必须设立投诉机制。公众不满意服务质量时，应首先向提供者直接投诉。

- 不满意医护服务提供者的回复未在12周或其他法律规定时限内得到回复的，可向具有案件调查权的部门申诉。就社会照护服务而言（医疗卫生服务有不同的投诉负责机构），接受地方议会资助的社会照护服务的人员，应直接向当地议会申诉；自费人员，应与调查机构地方政府和社会照护申诉专员（Local Government and Social Care Ombudsman，LGO）取得联系。LGO向申诉者提供免费、独立的调查服务，官网对投诉过程有明确的描述和解释[2]。

- 发生与医护相关的犯罪事件或当提供者提供未与CQC注册的服务项目时，公众可直接向地方议会举报，或通过CQC网上举报机制向地方议会反映情况。

- 信息支持。英国有多个信息服务机构，为考虑或接受医护服务的人员提供信息支持，比如，健康观测网[3]（The Healthwatch Network）是独立的消费者联盟，为英格兰地区的医护服务消费者提供信息支持。还有些机构针对养老服务，比如，亲属和住民协会[4]（The Relatives & Residents Association）是全国性的慈善组织，向入住养老机构的老人及其亲友提供养老机构选择、付费、投诉等相关信息服务。

建立第三方医护责任信托制度。1995年末，“国民健康服务诉讼委员会”（National Health Service Litigation Authority，NHSLA）成立，主要为英格兰NHS公立医护机构的医患纠纷提供第三方的解决途径[5]。当医患纠纷需要医疗机构赔付时，NHSLA 利用医护人员缴纳的会费和国家税收对纠纷进行统一处理和赔付。NHSLA 主要提供 5 项赔付方案，包括 3 项针对临床纠纷的“医疗过失信托方案”（Clinical Negligence Scheme for Trusts）、“已存在责任方案”（Existing Liabilities Scheme）、“前区域健康管理局方案”（Ex-RHA Scheme），以及两项针对非临床纠纷的“第三方责任方案”（Liabilities to Third Parties Scheme）和“财产损失方案”（Property Expenses Scheme）。为了与 NHS 组织改革相衔接，另设有“卫生部临床方案”（DH Clinical）和“卫生部非临床方案”（DH Non-Clinical）。随着 NHS 市场化、私有化改革，2013 年 4 月起，NHSLA 也向私立医护机构提供服务。

第三方医护责任信托制度有以下优点。从患者的角度，避免医护机构利用信息不对称来逃避责任，故可以较快得到合理甚至是巨额的赔偿，这也体现了 NHS 以患者为中心的服务理念。2016—2017 年度（4 月 1 日至次年 3 月 31 日），NHSLA 赔付了 10.8 亿英镑，较上一年度增加了 1.32 亿英镑（占比 14%）。从医护人员的角度，雇主承担替代赔偿责任，避免了医护人员个人支付巨额赔偿。最后，NHSLA 作为第三方，有效避免了医患双方直接冲突，有效扼制了纠纷向庭审发展。2016—2017 年度，NHSLA 受理纠纷 17338 起（10686 起临床纠纷，2082 起非临床纠纷），了结纠纷 17202 起，其中仅有 0.7%的纠纷进入庭审阶段[6]。

（二）美国：申诉专员及医疗纠纷仲裁机制

美国卫生和公众服务部（United States Department of Health and Human Services）是提供公民医疗健康服务和公众服务的联邦政府行政部门，负责筹划和监管美国的长期照护服务。长期照护服务由居家照护服务（home care services）、社区支持服务（community support services）、依托于机构的项目（facility-based programmes）三支柱组成。其中，机构包括照护之家（nursing homes）、日常辅助照护机构、寄宿照护机构和退休后持续照护社区等[7]。

在纠纷的预防阶段，美国要求养老机构对入住老人进行健康评估，并公开养老机构的等级评定信息，帮助老人和机构进行对接。在纠纷的处置阶段，美国设有针对养老机构的投诉渠道、长期照护申诉专员项目、医疗纠纷仲裁机制和针对虐老事件的成人保护服务。其中，最典型的纠纷处置方法为长期照护申诉专员项目、医疗纠纷仲裁机制。

开通养老机构投诉渠道[8]。州调查中心（State Survey Agency）对州范围内所有养老机构负有监管责任。对养老机构的服务不满意时，老人或投诉人应向机构所在的州调查中心通过邮件、电话、传真或面谈任一方式进行投诉。投诉可匿名，若希望得到调查处理结果的回复，则须提供姓名、住址、联系方式。收到投诉后，州调查中心会派一名代表与投诉人讨论。常见的对养老机构的投诉原因包括虐待、忽略、护理质量差、人员不足、不安全或不健康的环境、饮食问题或错误治疗。若投诉事项涉及违反联邦或州对养老机构的规定，州调查中心会展开调查；若投诉事项涉及其他法律问题，投诉会被移送至相关调查部门。调查结束后，州调查中心会告知投诉人调查处理结果。

设立长期照护申诉专员项目（Long-Term Care Ombudsman Program）[9]。1972 年，申诉专员项目作为公共卫生服务的示范项目在美国 7 个州成立。1978 年，议会修改了《老年人保护法》（*The Older Americans Act*），要求每个州都要成立申诉专员项目。项目有两个主要目的，一是教育民众有关长期照护、处理虐老事件、老年人权益[10]等方面的法律知识，二是设立长期照护申诉专员办公室（The Office of the State Long-Term Care Ombudsman, OSLTCO），受理投诉案件。

建立医疗纠纷仲裁机制。1997 年，美国仲裁协会（American Arbitration Association）、美国律师协会（American Bar Association）以及美国医药协会（American Medical Association）作为发起机构，联合成立国家医疗纠纷解决委员会（Commission on Health Care Dispute Resolution），按照《正当程序指引》（*Due Process Protocol*），用协议、调解、仲裁等非诉讼方式解决医疗纠纷[11, 12]。

开展成人保护服务，解决虐老事件。美国《老年人保护法》（*Older Americans Act*）要求各州开展成人保护服务（Adult Protective Services），开通检举虐待事件的免费热线电话，并规定警察、医疗人员、社会工作人员具有通报虐待事件的义务。成人保护服务的工作人员与医生、护士、消防员、法律人士等紧密协作，调查虐老事件，保护老年人的人身和财产安全[13]。

（三）日本：纠纷预防中的长期照护保险制度

日本是当前世界上为数不多的建立起长期照护保险（Long-Term Care Insurance）的国家之一。2000 年开始实施的保险覆盖了从居家养老到机构养老等一系列服务。根据日本统计局的信息，为了满足不同程度失能失智老人的需要，养老机构可以分为三类[14]：

养老护理福利机构（Welfare Nursing-Care Facilities）依据《老年福利法》（*Elderly Welfare Act*），由县级（prefecture）政府根据《介护保险法》批准建立，主要提供日常生活的照料（洗浴、进食、如厕等），也提供身体机能训练、医疗护理和康复服务。此类机构占到所有养老机构的 50% 以上[15]。

医疗照护机构（Medical Nursing-Care Facilities）由县级政府批准建立，主要在医生和护士的监督下提供护理、机能训练和必要时的医疗服务，也提供日常生活的支持。

护理保健机构（Medical Facilities for Recuperation and Nursing-Care）依据《医疗法》（*Medical Act*），由县级政府根据《介护保险法》批准建立，在专业医疗人员的监督下提供医疗和照护、机能训练和其他治疗措施。

在纠纷的预防阶段，日本用全国统一的质量评估标准帮助预防和解决老年人健康类的纠纷，用第三方服务质量评价使公众可以对机构进行监督和选择，用相对标准化的养老服务契约约束并保护老年人和机构双方。在纠纷的解决阶段，日本针对虐老事件有举报和处置机制，也有医师责任保险制度来进行诉讼外解决和保险赔付。在纠纷的善后阶段，日本利用全国联网数据库来记录和分析医疗事故，从中吸取教训。日本在纠纷预防阶段做法较为突出，尤其是在建立国民长期照护保险制度方面，值得借鉴。

建立国民长期照护保险制度（以下简称保险），发展全国统一的健康评估和照护需求标准[16]。2000 年日本开始实行保险，覆盖 40 岁及以上年龄人口。缴费一半由个人承担（收入越高，缴费越多），一半由政府承担（国家 25%，都道府县 12.5%，市町村 12.5%），服务面向所有 65 岁及以上老人（一类受保人员），或是 40—64 岁有需要的人口（二类受保人员），目前，约有 500 万人受益[17]。在获取服务时，老年人根据收入情况缴纳服务标价 10%或 20%的费用（食宿费另算），其余照护服务费用由保险承担。

保险的实施极大地推动了第三方健康评估和照护需求标准的建立，避免了因养老机构老年人健康状况（突然）恶化而导致的纠纷。需要使用保险服务时，老年人或其照护者应与市政府联系，以对申请者的照护需要作出官方评定。“长期照护需求评定委员会”（Certification Committee for Long-term Care Need）使用全国统一规范的调查问卷评估申请人的生理、心理健康状况，评定标准的制定充分考虑到老年人的生活习惯和照护服务的使用情况。起初，厚生劳动省考虑使用美国制定并广泛使用的“资源利用分组付费方式，第三版”（Resource Utilisation Group Version Ⅲ，RUG-Ⅲ），但美日老年人的生活习惯和医护资源的使用情况有很大不同，RUG Ⅲ在日本“水土不服”。比如，在美国的照护机构所提供的服务中，物理治疗师提供的复健服务收费最高，故被视为评估中重要的考虑因素。而在日本的照护机构中，物理治疗师并不多，据调查，老年人也极少使用这项服务。再如，RUG-Ⅲ的使用要求护士接受特别培训，但日本在长期照护保险建立前，根本没有足够的医护工作者来完成这样专业的评估。于是，1995 年日本开展了大规模调研，在全国抽选了 51 个高质量的照护机构，每个机构选取一名执证人员，进行两天 48 小时不间断的视频记录。在对庞大的数据进行归类分析并对分类进行稳定性检验的基础上，日本建立起了现在使用的照护需求评定系统。厚生劳动省将所有对照护服务申请者的评定结果进行数据收集，并进行全国联网，不仅促使评定标准在全国范围内实现统一，还帮助中央政府监测长期照护保险的管理情况。2006 年日本制定了介护预防政策，将原来的七等级护理改为八等级护理级别，将原来的自立、要支援、要介护Ⅰ—Ⅴ级 7 个等级改为自立、要支援Ⅰ、要支援Ⅱ、要介护Ⅰ—Ⅴ级 8 个等级[18]，按需提供服务[19]。照护经理为老年人量身定制照护方案并随时作出调整，以适应老年人健康变化的需要。在老年人健康恶化时，第三方健康评估可以帮助判断恶化是由照护失当引起，还是老年人慢性病不为人控地发展所致，从而帮助解决老年人健康问题的相关纠纷。

建立医师会医师责任保险制度。日本医师会（Japan Medical Association）设置医师责任保险[20, 21]，收取全国统一的年度保险费，为受保医师提供该年度的个人责任保险。医疗纠纷发生后，医师应及时将事故报告书交至都道府县级的医师会，经地方医师会审议后，由日本医师会按照与保险公司签订的合同申请赔偿。这一保险制度为医师提供了缴费价格较为合理、保障范围较为充足的保险保障，也为医疗纠纷提供了专业高效的诉讼外解决途径[22]。

加强服务质量评价体系建设。监督和激励养老机构提供优质服务。日本养老机构质量评价采用机构自评、老年人评价、第三方评价（全国社会福祉协议会负责对包括养老机构在内的社会养护设施进行第三方评价，结果公开发布在官网，供民众参考[23]）的方式。针对不同类型的机构采用不同的评价标准，标准的制定多结合机构设置与服务特点。各类评价标准架构基本都涵盖机构设置、业务管理、服务内容、运营管理等整体项目，不同维度下设相应评价指标及判定标准并进行注释说明。各个养老机构质量评价结果都在厚生劳动省的官方网站上公布，每个公民都可以通过网站得到评价信息。有需求的老年人可以根据所在区域、身体状况选择适合自己的养老机构入住。这种公开化的信息公布方式对于养老机构起到了良好的监督和激励作用，同时有效地保护了老年人的权益，还对政府调整管理政策、制定质量管理标准、解决重点问题提供了参考依据。

入住养老机构契约标准化。为保证养老机构与老年人的各自权益，日本的公益社团法人收费养老院协会[24]起草制定了《养老院标准入居契约书》范本作为示范合同广泛使用。该合同范本主要包括总则、服务内容、注意事项、费用负担、合同终止等近百项细则条款，约定了一些常见纠纷的惩处和解决方法，合同双方加强自我约束，预防和减少纠纷的发生。

立法规范管理及运营。日本养老机构均依据相关法律法规进行基础设施、设备配置和经营管理。养老护理福利机构的设置与管理主要依据《老人福祉法》，而护理保健机构与医疗护理机构则须遵照《老人保健法》的相关规定，营利性养老机构依据《社会福祉法》进行设置与运营。政府依法对这些机构进行监管，从立法层面规定了养老机构的准入标准，并规范其管理及运营。

（四）新加坡：全面系统的服务标准及明确的投诉调解机制

新加坡养老体系是医疗卫生系统的一部分，由卫生部监管。养老体系大致分为老年人住宿医疗服务设施（类似我国机构养老）和老年人社区医疗服务设施（类似我国居家养老和日间照料中心）。其中，住宿医疗服务设施包括社区医院（Community Hospitals）、慢性病医院（Chronic Sick Hospitals）、医疗照护机构（Nursing Homes）、医院临终照护机构（Inpatient Hospice Care）、精神病康复者之家（Sheltered Home for Ex-mentally Ill）和临时护理机构（Respite Care）[25]。

新加坡从不同视角建立起养老机构服务标准，有效规范了养老机构的组织和服务行为，有利于预防纠纷的产生。

建立全面而系统的医疗照护机构的服务标准。卫生部与综合护理机构（Agency for Integrated Care）紧密合作，由卫生部在2012年指定医疗照护机构标准化工作组（the Nursing Home Standards Workgroup）进行医疗照护机构服务标准的制定。2014年1月，工作组完成了《疗养院标准加强版》（Enhanced Nursing Home Standards）的制定，从三大方面清楚阐述政府对各疗养院护理和服务标准的要求。升级版标准从2016年起正式施行，有效规范了养老机构的组织和服务行为，有利于预防纠纷的产生。标准分为三个领域及多个细分领域[26]，见表7-1。

表7-1　医疗照护机构的服务标准

1. 照护的临床视角	2. 照护的社会视角	3. 组织和管理
1.1. 照护计划 1.2. 医疗服务 1.3. 医疗服务管理 1.4. 提升照护计划 1.5. 疼痛管理 1.6. 摔倒的预防和行动能力 1.7. 皮肤护理和压力性 1.8. 口腔卫生和牙科护理 1.9. 排便节制管理 1.10. 协调同一的健康服务 1.11. 传染病的控制 1.12. 饮食服务	2.1. 照护的尊严 2.2. 社会心理和精神健康照护 2.3. 知情照护 2.4. 镇静的使用 2.5. 居住环境——房屋建筑 2.6. 居住环境——设施 2.7. 居住环境——仪器 2.8. 辅助服务	3.1. 通用管理职责 3.2. 护士长的职责 3.3. 人员的组织和管理 3.4. 人员训练、能力和监管 3.5. 财务管理 3.6. 与顾客的关系 3.7. 持续提升 3.8. 紧急预案

对于医疗系统中可能出现的纠纷，新加坡卫生部有明确的投诉和调解机制[27]，养老机构与老年人及其家属之间的纠纷即根据这一路径进行非诉讼解

决。此外为虐老事件设立求助热线，解决老年人与养老院的纠纷问题。

首先，老人应直接向机构投诉，机构在 7—21 天给予回复。卫生部官网有所有医疗机构的联系方式。常见投诉内容包括以下四个方面：

- 约定日期的变更或要求约定日期提前；
- 医院在院内或院外提供医疗和照护服务的管理；
- 医疗从业人员（包括医生、护士和其他医疗照护专职人员）的服务质量；
- 账单问询和财政分歧。

若与机构沟通无果，可根据需要向相应的上级负责机构提出要求调解或进行投诉。与老年人的医疗和照护相关的投诉内容和受理机构如下：

- 因医疗照护和管理、服务质量、费用问题等产生纠纷，希望对医疗照护服务机构提起诉讼时，应向卫生部控股公司（MOH Holdings Pte Ltd）的医护调解制度（The Healthcare Mediation Scheme）进行投诉[28]。
- 针对特定医生的职业行为，应向新加坡医疗理事会（Singapore Medical Council）进行投诉。投诉者应递交打印的英文书面材料，预约递交材料时间、递交材料、等待委员会的调解结果[29]。
- 针对特定护士的职业行为，应向新加坡护理委员会（Singapore Nursing Board）发送邮件进行投诉。
- 针对特定药剂师的执业行为，应向新加坡药剂理事会（Singapore Pharmacy Council）进行投诉。

为受虐待的老人设立求助热线。新加坡为受虐待的老人设立了求助热线，在全国范围内主要有两个，即 PAVE 热线和 TRANS SAFE 中心热线[30]。

（五）我国香港：统一评估机制，完善投诉举报渠道

香港特别行政区政府的社会福利署负责“安老院舍照顾服务”，旨在为“年龄达 65 岁或以上（60—64 岁人士亦可申请），由于个人、社会、健康或其他原因而未能在家中居住的长者，提供住宿照顾服务及设施”。按照护理程度由低到高，分为四类照顾院舍：长者宿舍、安老院、护理安老院、护养院。按运营模式，也可分为四类：津助安老院、合约院舍（以投标形式取得服务合约的院舍）、非营利自负盈亏安老院、私营安老院[31]。

香港设有“安老服务统一评估机制”，对老年人进行年度评估，避免因机构老年人健康状况变化而引起的纠纷。通过一站式安老服务资讯平台，公开院舍信息，便于老年人选取符合需求的机构。加强机构质量监管，确保服务质量达标，明确违规机构的法律责任。此外，香港有完善的对机构的建议和投诉渠道，明确虐老事件的投诉举报程序，便于老年人和家属及时反馈和跟进。

使用统一的老年人健康评估机制对老年人进行年度评估，避免因机构老人健康状况变化而引起的纠纷。安老服务统一评估机制，由社会工作者、护士、职业治疗师和物理治疗师等专业人士对个体老年人就自我照顾能力、身体机能、记忆及沟通能力、行为情绪等方面的受损程度、健康状况、环境危机和应付日常生活的能力等方面作全面评估，确定长期护理需要[32]。

政府公开院舍信息，便于老人选取符合需求的机构。香港社会福利署设有一站式安老服务资讯平台“社会福利署长者资讯网”[33]，老人可查阅根据《安老院条例》在该署领取牌照的安老院及其服务设施、人员配置、收费规定等。

加强机构质量监管，公开机构质量评定，明确违规机构的法律责任。香港《安老院条例》及其附属法例于 1996 年 6 月 1 日起全面实施，规定安老院必须由社会福利署署长发牌和监管，确保服务质量达标。社会福利署会公开最近 24 个月内被定罪的安老院的记录[34]。按照香港《老人福利法》第 37 条规定，主管机关应对机构进行辅导、监督、检查、评定和奖励。举例：香港社会福利署公开的被定罪的安老院之一（见表 7-2）。

表 7-2　香港社会福利署公开的被定罪的安老院之一

院名	罪行	定罪日期
某护老院有限公司	（1）违反《安老院条例》第 21（6）（c）条：提供虚假资料 （2）违反《安老院规例》第 11（2）（d）条：雇用未注册的人士为保健员	2016 年 9 月 30 日

设立建议或投诉渠道。在香港，如对安老院服务有任何查询、建议和投诉，可与社会福利署安老院牌照事务处直接联络。

设立多条虐老事件举报渠道。香港的服务长者机构或单位内的员工造成的虐老事件，均称为“机构内的虐老事件”。《处理虐老个案程序指引》[35]第九章详述处理此类事件的程序，即由机构员工、社会人士、老年人及其家人、匿名告示等渠道向服务单位的监察机构举报。安老院舍的监察机构包括社会福利署安老院牌照事务处和社会福利署服务津贴组。

（六）我国台湾：设立照护机构合格名单，统一合同范本

我国台湾地区“卫生福利部门”负责的长期照护机构分为两类。一是收容年龄为 60 岁以上或 65 岁以上的老年人的长期照顾机构暨安养机构，包括安养机构、养护机构、长期照顾型机构、失智照顾型机构。二是没有收容年龄限制的一般护理之家。

台湾地区对申请长期照顾的老年人进行统一的健康和照护需求评估，公开机构基本信息和政府监管评价，提供长照资源的专业咨询。台湾地区还统一了合同范本，对服务供给和需求双方进行约束和管理。在纠纷的处置措施上，设立了便利的虐老事件通报平台，并积极探索设立第三方来解决机构与老年人纠纷。

要求老年人主动申请长期照顾，并使用统一的评估机制对老年人健康状况进行评估。老人向“卫生福利部门长期照顾管理中心”递交《长期照顾服务申请书》后，中心会对老年人进行身体机能评估，确定需要照护的类型。

设立照护机构合格名单。台湾地区公布了老年人长期照顾暨安养机构和一般护理之家的合格名单，并且设置“长照帮您专线”，提供长照资源的专业咨询。

加强机构质量监管，细化评价指标，明确违规机构的法律责任。我国台湾地区卫生福利行政部门发布老年人福利机构评价指标及评价成绩公告。其中，评价指标分为五大部分：行政组织及经营管理（占评分总分 20%）、生活照护及专业服务（40%）、环境设施及安全维护（25%）、权益保障（13%）、改进创新（2%）。未经批准设立的机构一经查实予以取缔。《长期照顾机构设立许可和管理办法》中，对机构的管理和惩戒作出了明确说明，许多条例都涉及纠纷产生的原因。比如，该办法规定“机构住宿式服务类之长照机构，应与能及时接受转接或提供必要医疗服务之医疗机构订立医疗服务契约”，保证老人能及时就诊，避免老年人因无法及

时得到医疗资源而健康受损，进而引发纠纷。

统一的合同范本，规范双方的权利和义务。2012 年，台湾行政管理部门消费者保护会第五次会议通过了一系列长期照护定型化契约范本，包括《委托养护（长期照护）定型化契约（定有期限）范本》《委托养护（长期照护）定型化契约（未定期限）范本》《自费养护（长期照护）定型化契约（定有期限）范本》《自费养护（长期照护）定型化契约（未定期限）范本》等。另外，《养护（长期照护）定型化契约范本》附件列出了服务项目、不同类型契约下受照顾者约束同意书、遗嘱、紧急事故处理同意书、应记载和不得记载事项等。这一系列契约和附件考虑到了可能产生的纠纷，并用法律契约来防范和解决。

设置家属意见反映与申诉处理办法。台湾地区对养老机构的评价指标中有一项是“机构与家属（亲友）互动及服务情形，要求机构每年至少举办两次服务主体的家属教育座谈会或联谊活动，并设置家属意见反映与申诉处理办法”。

二、经验和启示

（一）开展老年人需求评估，了解老年人身体状况

依托第三方机构客观评估老年人身体健康状况，并据此安排老年人是否入住养老机构、入住何种养老机构，有利于养老设施发挥最大作用。同时也有利于养老机构在老年人入住伊始掌握其身体数据，为后续养老服务项目及要求提供重要依据，避免养老机构因未完全了解老年人身体状况、服务不到位导致意外发生。

（二）制定法律法规和标准规范，明确法律责任

加强机构质量监管，细化评价指标，明确违规机构的法律责任，对于不合规、不符合评级要求的养老机构进行督促整改，对于极度违规的养老机构进行严厉处罚和限制服务，并将整改过程及结果信息面向公众公开。在养老服务人才队伍的质量上严格把关，统一制定护理质量的标准规范和人员服务的行动指南。出台统一的合同范本，明确养老机构和老年人的权

利和义务，依据老年人自身身体状况和养老机构服务水平预测可能产生的纠纷，运用法律契约等手段来防范和解决。

（三）公开养老机构相关信息，采用多样化发布形式

依据养老院服务质量大检查的数据指标体系，制定养老机构质量评价实施细则，结合养老机构规模、特色服务等因素，确定养老机构等级评价信息，设立照护机构合格名单，并通过互联网、报纸、电视等多种形式公开，便于老年人依据自身需求选择最适宜的养老机构。同时，养老机构出现虐老事件也应及时通报公开。

（四）畅通养老服务投诉渠道，建立用户投诉、申诉和举报机制

公众不满意服务质量时，应首先向服务提供者直接投诉；如不满意处理结果或指定时间内未收到回复，可向民政、卫生健康、市场监管等有关部门申诉。有关部门应提供免费、独立的调查服务，并通过政府官方网站对投诉过程进行明确的描述、跟进和及时反馈。

（五）建立养老机构纠纷数据库，用数据解释纠纷背后的成因

建立连续、可比、体系化的纠纷数据库有助于通过纠纷个案的历史数据提炼可借鉴的经验教训。通过案例分享，一方面可以为养老机构和老年人提供流程式的指导来帮助预防和处置纠纷，另一方面也可以分析纠纷类别、严重等级和处理结果等，提升服务满意度。

（六）探索建立第三方医护责任信托制度或医护纠纷仲裁机制

医养结合机构中出现医护纠纷时，医护纠纷仲裁机制可运用协议、调解、仲裁等非诉讼方式有效解决，第三方医护责任信托制度可以通过第三方途径避免医护机构利用信息不对称来逃避责任的情况，使老年人较快得到合理赔偿，同时也能够避免医护人员个人支付巨额赔偿，对其职业发展和个人生活造成毁灭性打击，有效避免医患双方直接冲突，扼制纠纷进一步升级向庭审发展。

第八章　化解医养结合机构老年人侵权纠纷和加强权益保障的对策建议

通过对医养结合机构内老年人权益纠纷原因的分析，结合国内外应对入住机构的老年人侵权纠纷的经验与启示，按照“全面风险管理”的闭合循环模式，课题组从预防纠纷、控制纠纷和处理纠纷三大阶段提出对策建议，在政府部门、社会力量、医养结合机构和老年人及其家属等多元主体参与下，加强对医养结合机构内老年人侵权纠纷的全面管理，保障老年人和养老机构的合法权益。

一、预防纠纷阶段

纠纷预防是通过采取预防措施进行风险防控，以减小损失发生的可能性及损失程度。纠纷预防是重中之重，要夯实设施基础、服务基础和人才基础，提升纠纷预防水平。在优化医养结合机构硬件设施方面要做到新建设施符合标准，原有设施提质存量；在提升服务质量方面要做到建立统一的照护需求评估体系，严格执行国家规定的服务标准；在加强人才队伍建设方面要完善人才教育培训体系，加大人才综合激励力度。通过优化硬件设施、提升服务质量、加强人才队伍建设，为医养结合机构纠纷的预防夯实基础，从源头上避免养老机构纠纷的发生。纠纷预防措施如图 8-1 所示。

（一）优化机构硬件设施，为双方权益保护夯实设施基础

1. 做优增量，确保新建设施符合标准

养老服务设施的新建、改建、扩建必须严格遵循国家、行业的标准和

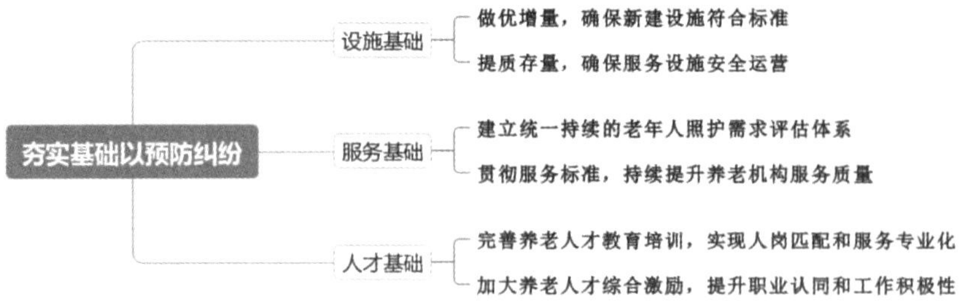

图 8-1　纠纷预防措施

规范要求。根据《中华人民共和国老年人权益保障法》提出的打造“安全、便利、舒适”的老年人宜居环境的要求，参照《养老机构安全管理》《老年人照料设施建筑设计标准》《城市道路和建筑物无障碍设计规范》《老年人建筑设计规范》《老年养护院建设标准》等标准，养老机构新建、扩建和改建要满足下列条件：基地选址在工程地质条件稳定、排水畅通、日照充足、通风良好、交通方便、基础设施完善、邻近公共服务设施的地段，远离污染源、噪声源及危险品生产、运输区域；生活用房设计要考虑保护老年人个人隐私，房屋内要留有护理、急救空间；公共餐厅要配备轮椅餐位，空间布置满足餐车进出，为照料人员留有助餐空间；无障碍设计要做到建筑空间满足轮椅进入，室内坡道符合规定要求，卫生设施选用方便无障碍使用的洁具；安全疏散与紧急救助方面要做到具有畅通的安全疏散通道和紧急送医通道，具有完善的给水排水、通风供暖、电气照明等建筑设备；老年人照料设施要能够实现卫生控制、噪声控制、室内空气质量控制。智能化系统要满足下列条件：无线局域网络、室内移动通信系统等信息设施可覆盖照料建筑设施；监控装置和防盗报警装置可覆盖老年人照料设施建筑以及室外活动场地；可穿戴智能健康设备、无线定位系统以及健康管理平台等，为老年人提供更加精准的照护及健康服务。根据民政部等部门公布的《关于规范养老机构服务行为 做好服务纠纷处理工作的意见》，养老机构应当在各出入口、接待大厅、值班室、楼道、食堂等公共场所安装视频监控；经老年人或其代理人书面同意，可以在老年人居室内安装视频监控，并妥善保管视频监控资料，依法保护老年人隐私权不受侵害。

医养结合机构在建筑布局方面，应当在符合上述规定的同时，满足环境卫生学和医院感染防控需要。在硬件设施方面，大型、特大型老年人照料设施中建设医疗服务用房应符合《综合医院建筑设计规范》，内设医务室的养老机构需符合《养老机构医务室基本标准》，至少设有诊室、治疗室、处置室，每室独立且符合卫生学布局及流程，同时设立医疗废物存放点，与治疗区域隔开，配备包括诊桌、血压计、听诊器、紫外线消毒灯、高压灭菌设备等基本医疗设备，配备包括供氧设备、心电监护仪、简易呼吸器等急救设备。康复医疗中心类医养结合机构需遵照《康复医疗中心基本标准》，康复医疗业务用房至少应当设有接诊接待（包括入院准备）、康复治疗、康复训练和生活辅助等功能区域，整体建筑设施执行国家无障碍设计相关标准，并符合消防、安全保卫、应急疏散和防跌倒、防坠床、防自残（自杀）、防走失、防伤人等功能要求。为失能、失智或长期卧床人员提供以日常护理照顾和简单医疗措施的护理中心类医养结合机构，在业务用房上至少应设有接诊接待（包括入院准备）、医学诊疗、护理单元、公共活动和生活辅助等功能区域，提供康复医疗服务的应设康复训练区。生活用房上要设有独立洗澡间，安装有扶手、呼叫设施，配备符合防滑倒要求的洗澡设施、移动患者的设施等有效安全防护措施，需设电梯的建筑应当至少设置一部无障碍电梯。在健康管理方面，医养结合机构需配备必要的健康教育影像设备，健康档案管理的相关设备。

2. 提质存量，确保服务设施安全运营

在建筑设施方面，落实《国务院关于加快发展养老服务业的若干意见》，充分挖掘社会闲置资源，引导社会力量参与，将城镇中废弃的厂房、医院、事业单位改制后腾出的办公用房、乡镇区划调整后的办公楼，以及转型中的党政机关和国有企事业单位举办的培训中心、疗养院及其他具有教育培训或疗养休养功能的各类机构等，经过一定的程序，整合改造成养老机构、社区居家养老设施用房等养老服务设施，增加服务供给。在服务设施方面，按照《养老院服务质量大检查指南》，在已建成投入使用的养老服务设施中，对老年人可能接触到的各种设备落实无尖角化，对地面进行防滑处理，在老年人床头、使用的厕所里安装呼叫装置，对养老机构内的消防器材、用电产品、燃气设备、特种设备、健身器材、房屋建筑、安全标志和监控设备等进行严格的定期漏洞检查。要在落实临时性防范措施的基础上，加紧改造，确保安全，对于备案手续不全的，要加快补办，确保合法。通过兴办医疗机构或与医疗机构开展多种合作等方式，提升养老机构医疗卫生服务和健康管理水平，增强养老机构服务失能、部分失能老年人的能力。养老机构应当依法制定自然灾害、事故灾难、公共卫生事件、社会安全事件等突发事件应急预案，在场所内配备报警装置和必要的应急救援设备、设施，定期开展突发事件应急演练。

医养结合机构在建筑设施上要畅通紧急送医通道，确保通道能满足担架抬行和轮椅推行的空间要求，在设备上要严格按照有关规定与要求，规范使用和管理康复、治疗、护理等设备、耗材、消毒药械和用品，严格按照相关规定妥善处理医疗废弃物。及时维修或更换居室、护理区域的设施、设备及物品，指导老年人使用拐杖、步行器、轮椅等辅助器具。康复中心类医养结合机构应完善布局流程、功能分区合理、标识清楚，配备消防、安全保卫、应急疏散、防跌倒、防坠床、防自残（自杀）、防走失、防伤人和医院感染防控等安全设施。护理中心类医养结合机构在做到上述要求的同时，还应注意规范使用和管理医疗、护理、康复等设备、耗材、消毒药械和用品。完善和改进现有设施设备，满足老年人生理、心理需求，为老年人得到优质服务提供硬件基础，有效预防医养结合机构纠纷。

（二）提升机构服务质量，为双方权益保护夯实服务基础

1. 建立统一持续的老年人照护需求评估体系

一是在老年人入住养老服务机构前，建立统一的养老服务需求评估体系，提高养老服务资源配置的效率和透明度。根据民政部等部门公布的《关于规范养老机构服务行为 做好服务纠纷处理工作的意见》，在老年人或者其代理人事先充分告知老年人身体健康状况和患病情况的基础上，养老机构应当做好入院评估工作，对老年人的身心状况进行评估，并根据评估结果合理确定照料护理等级。养老机构应当全面推行服务协议制度，与接受服务的老年人或者其代理人签订服务协议，可以向老年人或者其代理人提供风险告知书。老年人养老服务需求评估在内容上可参照《关于开展

老年护理需求评估和规范服务工作的通知》（国卫医发〔2019〕48号）、《北京市老年人能力综合评估实施办法（试行）》《上海市老年照护统一需求评估标准（试行）2.0版》。《关于开展老年护理需求评估和规范服务工作的通知》（国卫医发〔2019〕48号）提出，各地相关医院、护理院、护理中心、康复医疗中心、社区卫生服务中心、乡镇卫生院等医疗机构对拟提供护理服务的60周岁及以上老年人，参照《老年人能力评估标准表（试行）》（包括老年人日常生活活动能力、精神状态与社会参与能力、感知觉与沟通能力评分情况）和《老年综合征罹患情况（试行）》，开展老年护理需求评估工作，根据评估情况确定评估结果，并填写《护理服务需求评定表（试行）》。《北京市老年人能力综合评估实施办法（试行）》按照老残一体原则，充分借鉴现有残疾等级评定、伤残军人和国家工作人员等级鉴定、工伤人员残情鉴定、医疗伤残等级评定、人身损害保险理赔等级评定等5大评定标准。《上海市老年照护统一需求评估标准（试行）2.0版》提出，加强社区居家照护、养老机构、老年护理机构等老年照护服务的有机衔接，整合老年照护等级评估、高龄老人医疗护理服务需求评估以及老年护理医院出入院标准，科学确定老年人的照护需求。

二是在老年人入住养老机构后，建立持续性的照护内容评估体系。建立入住评估、定期评估、即时评估相结合的评估体系，保证及时、准确地掌握老年人的健康状况和事故风险点，持续改进护理方案。医养结合机构应针对每位入住老年人建立健康档案，并做好护理日志记录，以便了解老年人以往病史，并指导工作人员在服务过程中因人因病、注意观察，出现症状要及时采取措施。在评估内容上，对于失能及半失能老年人定期开展以功能促进及残疾评定为目的的功能评测以及脑部、神经、骨关节等身体损伤恢复情况的评测。在评估方式上，可通过智能化系统，借助可穿戴智能健康设备，物联网、云计算、大数据等技术，采集入住老年人慢性病、身体损伤后恢复状况等数据，对老年人进行个性化分析和指导，提升护理服务质量。根据入住老年人的持续评估体系，匹配老年人身体健康变化，在服务标准框架内提供适宜配套的服务，及时调整服务范畴和策略，降低纠纷发生风险。

2. 贯彻服务标准，持续提升服务质量

建立以质量为导向的养老机构服务发展机制，提升医养结合养老机构“安全、诚信、优质”的服务品质，有助于预防因服务不当而产生的养老机构纠纷，降低养老机构纠纷发生概率。依照《医养结合机构服务指南（试行）》《养老机构服务安全基本规范》《养老机构等级划分与评定》《老年护理实践指南（试行）》《养老机构服务质量规范》和《养老院服务质量大检查指南》，在以下几个核心服务环节要严格贯彻落实相关服务标准。

在生活照料服务方面要做到：对老年人的生活起居进行照顾，协助老年人进行个人卫生清洁；老年人居室应做到室内清洁、整齐，空气新鲜、无异味；服务过程中应配备能够提供相应服务的设施设备，保证服务环境安全，保留提供服务的相关资料和记录压疮发生率等。

在膳食服务方面要做到：食谱的制定应结合老年人生理特点、身体状况；食品加工与制作的设施设备操作人员，应按照设备的操作规范进行操作；操作间宜采用开放式厨房或视频方式，保证食品加工与制作全程可控，每日留样品种齐全，储存时间不少于48小时，并做好留样记录；在日常订餐、送餐方面，养老机构应配备送餐工具或专用保温送餐车；医养结合机构应提供符合患者病情的营养配餐和特殊饮食。

在护理服务方面要做到：服务内容囊括制订护理计划、开展护理措施、日常生活护理、老年常见疾病护理、健康指导、生活护理与指导、自备药管理等工作；应保留提供服务的相关资料和记录，记录应及时、准确、真实、完整；有计划、有措施、有记录地开展健康教育指导和慢性病管理。

在医疗服务方面要做到：建立定期巡访制度，开展老年人常见病、多发病诊疗，提供急诊救护服务，危重症转诊服务，安宁疗护服务和健康管理服务。建立医疗质量管理体系，制定各类医疗服务机构的规章制度、明确各类人员岗位职责，施行由国家发布或认可的诊疗技术规范和操作规程；服务主体应为取得医疗机构执业许可证的内设医疗机构或接受委托的其他医疗机构；为老年人建立健康评估档案，包括躯体、心理、社会、生存质量等评估；保留提供服务的相关资料和记录，对老年人异常生命体征、病情变化如实记录；为老年人开展健康体检，每年至少1次；做好老年人疾病防控工作，为老年人开展卫生知识宣教；做好老年人慢病管理工作，提供用药指导；制定与功能任务相适应的转诊制度、药品等级分发制度、健康等各项制度以及急救流程、技术操作规范。

在康复服务方面要做到：根据所开展康复服务的专业设置，配备满足开展业务需要的专业设备，提供专业康复服务；对老年人的康复需求深入了解，按需提供相应的康复服务，为慢性病、老年病以及疾病治疗后恢复期、慢性期康复患者提供医学康复服务，促进功能恢复或改善；为身体功能（包括精神功能）障碍人员提供以功能锻炼为主，基础医疗措施和中医药服务为辅的基本康复诊断评定、康复医疗和残疾预防等康复服务，协助患者尽早恢复自理能力，回归家庭和社会；对老年人身心状况、日常生活活动能力、社会功能进行康复评定。

在心理精神支持服务方面要做到，由心理咨询师、社会工作者、医护人员或经过心理学相关培训的医疗护理员、养老护理员提供环境适应、情绪疏导、心理支持、危机干预、情志调节等服务。及时了解掌握老年人心理和精神状况，发现异常及时与老年人沟通，并告知第三方。必要时请医护人员、社会工作者等专业人员协助处理或转至专业医疗机构。有条件的机构可定期组织志愿者为老年人提供服务，促进老年人与外界社会接触交往，倡导老年人参与力所能及的志愿活动。协调督促相关第三方定期探访老年人，与老年人保持联系。

在失智老年人服务方面要做到，为有需求老年人做好安全防护措施，包括但不限于：功能分区、安全徘徊路径、配置门禁系统或电子定位设备、防撞提示、自带物品监管和保护性约束等。有条件的机构应当为失智老年人提供认知康复服务，依据其认知程度、身体机能、兴趣爱好，制订可达成的认知功能康复计划。动态观察失智老年人情绪或心理的变化并了解根源，及时交流沟通，多使用指令性及鼓励性语言，适当给予解释、安慰。正确认识失智老年人的精神行为症状，给予其包容与尊重，消除易触发行为问题的不当交流和护理方法。

（三）加强人才队伍建设，为双方权益保障夯实人才基础

1. 完善专业人才教育培训，实现人岗匹配和服务规范化

教育、人力资源社会保障、民政、卫生健康等部门要将养老服务专业人才培养纳入继续教育、职称评定和就业培训体系。对在养老机构中就业的专业技术人员，执行与医疗机构、福利机构相同的执业资格、注册考试政策，建立养老服务从业人员工资待遇与专业技能等级、从业年限挂钩制度，稳步提高养老护理员的工资福利待遇。在人才教育培训方面开展养老服务人才培训提升行动，建立养老服务实训基地，加强养老服务职业教育培训，加强养老护理员职业技能培训和鉴定工作。在职业准入方面，贯彻《养老护理员国家职业技能标准（2019 年版）》，实行执业资格认证制度，对于考核不合格的从业人员，要加大帮扶力度，提供理论再教育和优秀单位实习机会，帮助养老服务行业从业人员提高业务水平。同时，为强化养老服务从业人员职业化意识，提升养老机构的服务质量和养老服务行业的发展水平，降低养老机构和老年人发生的纠纷概率，需要在以下几个核心岗位上实现人岗匹配和服务专业化。

膳食服务岗位要满足：养老机构宜配备专职或兼职的营养师（士），提供膳食服务的人员应具备相关技能，并持有健康合格证；食品加工的设施设备操作人员，应按照设备的操作规范进行操作；提供送餐服务的人员应具备相关技能，并持有健康合格证。

生活服务岗位要满足：工作人员在服务前应熟知每位老年人的姓名、个人生活照料的重点、个人爱好、所患疾病情况、家庭情况、使用药品治疗情况、精神心理情况等；给老年人进行定期卫生清洁并严格保护老年人隐私。

医疗服务岗位要满足：服务人员应为具有医学相关专业知识的医务人员；对失能、半失能老年人开放的护理中心类医养结合机构至少应配备两名具有 5 年以上工作经验的执业医师，其中，至少有一名具有内科专业副高级及以上专业技术任职资格的医师；设置药剂、检验、辅助检查、营养膳食和消毒供应部门的，应当配备具有相应资质的卫生专业技术人员；所有医护人员必须熟练掌握心肺复苏等急救操作。

护理服务岗位要满足：护理工作人员应具备相应的执业资格，每年应完成继续教育学分，熟练掌握心肺复苏等急救操作；护士应对老年人异常生命体征、病情变化、特殊心理变化、重要的社会家庭变化及时发现并予以关注；服务范围调整的记录应根据服务对象特点，客观如实记录，记录时间应当具体到分钟，并及时通知医生或相关第三方机构；医嘱应由两名护士核对无误后方可执行，对各种治疗手段和方法严格执行查对制度和无菌技术要求。

康复服务岗位要满足：设置住院康复床位的医养结合机构，应按每床至少配备 0.5 人的标准配备卫生专业技术人员，其中医师、康复治疗师和护士比例不低于 1∶2∶3；提供两种或以上专业康复医疗服务的医养结合机构，每个专业至少应有 1 名康复医师或具有本专业技术任职资格的医师；非康复专业的临床或中医类别的医师、康复治疗师应具有 6 个月以上、护士应具有 3 个月以上在综合医疗机构康复部门或者二、三级康复医院从事康复治疗工作或接受培训的经历；技师应经过相关专业技术和管理培训并取得合格证书。

2. 加大医养人才综合激励，提升职业认同和工作积极性

一是健全综合激励机制和补贴机制。在养老机构包括医养结合机构内工作特定年限，可考虑给予廉租房优惠、落户优惠政策、资金补贴等。如深圳市 2015 年将养老护理员纳入紧缺工种，给予高级积分 70 分；青岛市将养老机构护理员纳为特别紧缺工种，增加 20 分落户导向分，护理员（含外地户籍）在本市养老机构累计服务时间满 3 年，并获得初级养老护理员以上证书的，在申请公共租赁住房保障时，在同等条件下可优先纳入享受范围。浙江省早在 2013 年就已出台《浙江省老年服务与管理类专业毕业学生入职奖补办法》，对老年服务与管理类专业毕业学生进行入职奖补，在签约入职满 5 年后给予一次性奖补，最高奖励 4 万元。

二是打通职业晋升通道。建立专业养老护理员（医疗护理员）职称体系，明晰养老服务从业者的个人职业前景和个人职业规划。连锁化的医养结合企业应给予优秀的养老护理员晋升护理主管或站长的机会，建立技术岗位与管理岗位的衔接通道，优化养老服务从业人员的发展空间。

三是完善养老服务行业就业、创业的补助制度，推进医养服务人员队

伍专业化进程。例如上海市《关于加快推进本市养老护理人员队伍建设的实施意见》中提到，开展养老服务相关护理类专业中职生免费培养以及在护理（老年护理方向）、康复治疗技术等专业定向培养。推动医养服务人才趋向年轻化、高素质化，提升养老服务从业人员队伍整体学习能力、照护能力、特种设备使用能力。

四是注重对养老从业人员的精神激励。借鉴济南等地开展的“双美”评选活动，评选“最美养老机构院长”和“最美养老护理员”，举办职业技能大赛，设立“养老护理节”等促进提高护理质量和服务水平，提升从业人员职业荣誉感。如2015年底，杭州市民政局联合市财政局等发布《杭州市养老服务业财政补助实施细则》，对于取得初级、中级、高级、技师等护理员职业资格证书且符合意见规定的养老护理员，给予每人1000元、1500元、3000元、4000元的一次性奖励；为在全社会营造尊重养老护理员，重视、支持护理工作的浓厚氛围，自2014年开始，海宁市将5月12日国际护士节这一天设立为“养老护理节”。

五是参照家政企业对养老企业员工进行社保补贴。《北京市员工制家政服务企业享受社会保险补贴实施办法》中规定：“社会保障补贴是指实行员工制管理的家政服务企业按规定与家政服务员签订劳动合同，为其缴纳社会保险费，并委托银行发放工资后，给予家政服务企业补贴。”人力资源和社会保障部门可以参照家政企业现有补贴模式，采取由政府主导，养老服务机构和就业人员协同参与五险一金的购买方式；通过设立养老公益性岗位，加大公益性岗位的财政支出，提高养老机构社保覆盖率等措施，减轻养老机构的用工成本和运行成本，减少员工的非正常流动，稳定和壮大养老服务队伍。

二、控制纠纷阶段

控制纠纷阶段要制定并实施控制风险的措施和方法，消灭或减少风险事件发生的可能性。在法律法规宣传贯彻方面要加大力度，落实法规要求，加强监督检查工作；在管理机制方面要整合力量完善全过程监管机制和专项监管机制；在贯彻积极老龄化发展理念方面要营造尊老自立的社会氛围，弘扬中华孝道，督促子女履行应尽责任和义务。为老年人的权益保护提供法律、监管、文化保障，控制医养结合机构纠纷风险。纠纷控制措施如图 8-2 所示。

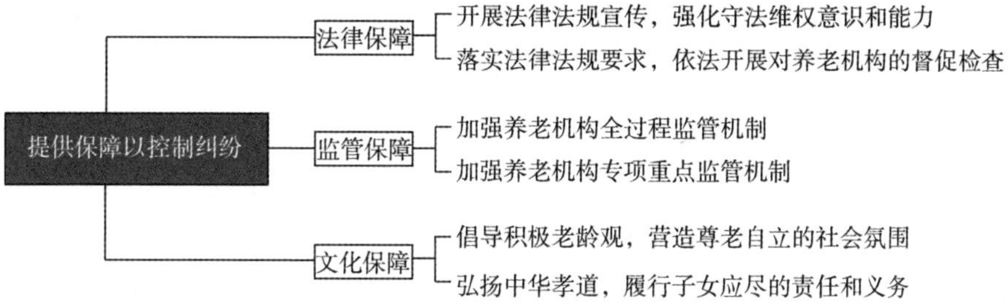

图 8-2　纠纷控制措施

（一）加大法律法规宣传贯彻力度，为双方权益保护提供法律保障

1. 开展法律法规宣传，强化守法意识和维权能力

一是大力开展老龄法制宣传教育活动，推动普法宣传教育规范化、常态化、广泛化，强化全社会维护老年人合法权益的法治观念，要把老年法律维权相关内容融入人口老龄化国情教育和普法宣传教育之中，大力弘扬敬老养老助老社会风尚。在宣传方式上，要通过报纸杂志、官网专栏、官方微博、官方微信、自有媒体等平台开展维护老年人合法权益的公益宣传，开展法制宣传进机构、进社区、进学校等活动，在敬老月、老年节期间，广泛开展老年人维权、法律援助服务等现场咨询或宣传活动，重视宣传《中华人民共和国老年人权益保障法》等法律法规、优待政策和典型案例，提高全民法治意识和老年人依法维权意识。在宣传责任上，政府应推动相关部门认真落实“谁执法谁普法”的普法责任制，把《中华人民共和国老年人权益保障法》宣传列入普法责任清单，帮助老年人学法、懂法、用法，提高守法意识和依法维权意识，从法律角度理解养老机构合同，提高对欺诈行为的敏感度。

二是加强对老年人的法律援助。针对老年群体特点加大法律援助力度，做好法律服务和法律援助工作。在服务对象层面，各级司法行政机关要把老年人作为法律援助工作的重点人群，进一步降低服务门槛，扩大老年人法律援助事项范围，把低收入、失能、高龄、空巢等老年人作为法律援助的重中之重。加强对经济困难老年人的司法救助，及时办理案件受理费的减、缓、免审批手续，对行动不便的老年人提供预约立案、上门立案等服务，开展就近开庭、巡回审判等工作。不断扩大对老年人的法律援助覆盖面，加强基层老年人法律援助工作站、联络点建设，推进法律援助工作站点向城市社区和农村延伸，建立健全老年人法律援助服务网络。在服务方式层面，创新服务方式方法，完善法律援助便民服务机制，简化手续、程序，加快办理速度。加强“12348”法律服务热线建设，开设针对老年人的维权热线，实行电话和网上预约、上门服务等，方便老年人咨询和申请法律援助。提升服务水平，努力提供便捷周到的法律援助，方便老年人及时就近寻求法律帮助。加强对律师事务所、公证处、基层法律服务所、司法鉴定机构的管理和业务指导，鼓励他们积极为老年人提供诉讼代理及法律咨询、代书、调解、公证、司法鉴定等诉讼和非诉讼法律服务。

三是完善法律服务工作措施。各级检察机关要在刑事、民事、行政检察工作中加强对老年人合法权益的保护，改进办案方式方法，对老年人控告、举报、申诉案件，要依法快速办理，缩短办理周期，同时积极发挥基层检察室作用，通过检察建议和纠正违法通知书等手段，督促派出法庭、派出所等加强老年法律维权工作。各级公安机关对老年人的申诉、报警和求助，要做到反应迅速、处置妥当，加大打击力度，依法惩处盗窃、诈骗、抢夺、敲诈勒索老年人财物和针对老年人的非法集资、电信网络诈骗、传销等违法犯罪行为，关注辖区内养老机构和养老服务设施，指导做好安全防范工作。司法机关要加强公共法律服务体系建设，倡导律师事务所、公证机构对经济困难但不符合法律援助条件的老年人减免法律服务收费，对无固定生活来源的老年人追索赡养费案件予以费用减免，对80岁以上的老年人办理遗嘱公证免费，制定和完善便老助老措施，为老年人免费提供及时、便捷、高效的法律服务，为解决养老机构纠纷提供法律保障。

2. 落实法规要求，依法开展对养老机构的督促检查

一是政府部门要按照法规强化监督检查工作。为保护机构内老年人的合法权益，各级老龄工作机构要按照《中华人民共和国老年人权益保障法》相关要求，协同相关部门做好本地区老年法律维权工作的指导、督促、检查。在监管过程中，各级人民法院、检察机关、公安机关、民政部门、司法行政机关要全力配合，确保监督检查不走过场、产生实效。《上海市养老机构条例》的第四十二条中规定：“民政部门应当建立养老机构诚信档案，记录其设立与变更、日常监督检查、违法行为查处、综合评估结果等情况，并通过养老机构信息服务平台予以公开，接受社会查询；对有不良信用记录的养老机构，应当增加监督检查频次，加强整改指导。”对于严重违法违规的养老机构，也应联合执法部门进行查处。在处理涉老纠纷案件上，政府部门应及时处理，提高办案效率，依法对困难老年人实施法律援助，完善养老机构纠纷的法律应对机制。

二是明确养老机构法律责任。按照《中华人民共和国老年人权益保障法》的第七十九条规定：“养老机构及其工作人员侵害老年人人身和财产权益，或者未按照约定提供服务的，依法承担民事责任。”为妥善处理养老机构纠纷，需要明确养老机构责任、养老机构服务人员责任，明确服务人员侵害老年人人身权益的法律后果。在上海、吉林、湖北等省市出台的《老年人权益保障条例》中，也对养老机构不履行合法保护老年人权益的行为进行说明，要求有关主管部门责令机构改正，并依法给予行政处罚。

三是畅通社会侵老举报机制。民政部门应明确设立机构虐老事件的多渠道举报机制，如电话专线、专门邮件通信和网络平台等，并向公众进行宣传推广，发展全社会力量对侵犯老年人健康、财产等权益的事件进行监督和控制，同时公安部门和民政部门要及时处理老年人的报警、控告和检举以及对侵害老年人事件的举报和投诉。例如：上海市依托“962200”上海市社区服务热线，设立了统一的上海市养老机构投诉举报热线；青岛市民政局、养老服务协会合作办理的养老服务投诉中心，负责接待、受理入住养老机构的老年人及其家属、养老机构、社会公众等涉及养老服务方面的投诉。

（二）整合力量形成管理机制，为双方权益保护提供监管保障

1. 加强养老机构综合监管机制

一是完善部门联合监督，健全过程监管机制。在监管主体层面，加强部门联合，按照《中华人民共和国老年人权益保障法》的规定，进一步明确由民政部门牵头，工商、应急管理、卫生健康、医保、市场监督管理、

国土及城乡建设部门依照职责分工对养老机构的监督制度，构建部门间养老服务联席会议制度和联合执法机制。在监管形式层面，推动监管信息化，完善信息共享机制。在监管内容层面，各级民政部门应按照权限负责养老机构登记备案和日常监管工作，牵头组织开展养老机构服务质量检查和整治行动。各级老龄工作部门负责组织、协调、指导、督促有关部门做好入住养老机构的老年人权益保障工作，会同民政部门统筹协调养老机构服务质量专项行动。各级应急管理部门依法对养老机构进行消防监督检查，加强对民政部门业务指导和培训，依法查处消防安全违法行为。对涉嫌犯罪的欺老、虐老案件及时介入，并依法移送检察机关提起公诉。对于医养结合机构，各级卫生健康部门应按照相应的标准规范，负责养老机构开办医疗机构的登记备案和日常监管工作，加强业务指导和培训，与民政部门联合推动建立健全医疗机构与养老机构合作机制。对养老机构设置的医疗机构，符合条件的医保部门应按规定将其纳入基本医疗保险定点范围，在监管结果使用上，建立养老机构日常监督执法结果、行业组织评价结果等与相关激励政策的对接挂钩机制。推进“以奖代补”政策，落实合格运营商公示制度。在监管信息层面，建立养老机构监管信息披露制度，加强对养老机构的名称、住所、法定代表人或主要负责人、服务范围等载明事项的变化进行监督检查，对于经营规范、诚信执业、无违法违规行为的养老机构在安排补助资金、试点资金中予以优先考虑；对经营失范、被监管部门多次查实存在违法违规行为仍整改不力的养老机构，予以通报和曝光，并取消其政府购买服务和享受补助等资格，逐步建立养老机构的信用管理体系。

二是优化退出管理，完善养老机构事后监管机制。在退出准备方面，要求养老机构拟订和落实安置方案，养老机构因分立、合并、改建、扩建等原因暂停服务的，或者因解散等原因终止服务的，应当向原许可机关提出申请，并提交老年人安置方案，经批准后实施。安置方案须包含老年人数量、安置计划、实施日期、退费处理方式、违约责任等内容。未经批准，不得擅自暂停或者终止服务。建立失信“黑名单”制度和失信惩戒机制。在强制养老机构关停方面，民政部门应当发挥其公共服务的职能，落实存在严重安全隐患的养老机构关停规定，对确需关停的养老机构，通过拍卖、招标、委托等方式，为养老设施寻找新的合适经营者，以保证养老机构的土地资源、人力资源和建筑设施得到再利用，在享受财政补贴和税收优惠政策、政府购买服务等方面，建立跨部门联动响应和失信约束机制，对违法养老机构予以限制或禁入。在退出完成时，应对其设施设备、人员情况、经营状况、服务水平等情况进行信息披露，确保行政部门的监管措施顺利开展，保障老年人及利益相关者的合法利益。

2. 加强医养结合养老机构专项重点监管机制

针对占养老机构发生纠纷比重较大的医疗服务纠纷、资金管理纠纷、消防安全事故纠纷、食品卫生事故纠纷等要加强专项监管机制，有利于增强监管针对性，加大监管效力，有助于养老机构纠纷的整体控制。

一是加强医疗服务管理，完善对医养结合机构的质量把控。各级卫生健康行政部门应当将康复医疗中心、护理中心纳入当地医疗质量管理与控制体系，加强医院感染防控等服务风险管理，严格落实相关专业管理规范与制度。在制定制度上，医养结合机构应制定施行由国家发布或认可的诊疗技术规范和操作规程。在履行监管检查职责上，各级卫生健康行政部门要对医养结合机构的服务内容进行现场检查，了解情况，调查取证，查阅或者复制质量和安全管理的有关资料，采集、封存样品，确保医养结合机构从事医疗护理专业活动的专业技术人员具备执业注册资格。医养结合机构要保证提供信息的真实性、完整性、及时性，与上级医疗、预防、保健机构有效协作，并接受卫生健康行政部门或者质控中心开展的质量管理与控制。

二是加强资金管理，规范养老服务机构运营形态。避免因老年人财产损失和养老机构乱收费、欺诈收费而引起纠纷。明确以会员制、信托按揭式等特殊收费和运营方式管理的营利性养老机构的登记条件和运营规则，要求设定不动产抵押或者资金担保条件。采用会员制经营的养老机构不得直接收取老年人的会员费，而老年人应将自有资产作为信托财产，委托给具有资信的第三方信托公司，由信托公司对会员制养老机构按揭支付老年人的养老服务费用，通过第三方信托等手段，加强资金监管，防范集资风险，维护老年人权益。同时政府部门应通过联网、公示、收入系统核对等方式，加强对养老机构补贴资金使用的监管。利用信息化手段，对养老市场实行常态化、规范化管理，营造安全、便利、诚信的老年消费环境。

三是强化消防安全监管，深化落实养老机构负责人安全管理的主体责任、部门的监管责任和属地的管理责任。为减少由火灾引起意外伤害而产生的养老机构纠纷，要严控养老机构消防安全，民政部门要联合应急管理部门建立消防安全工作督导制度，重点对安全制度执行情况、责任人员教育培训情况进行考核，强化人防与技防的结合，对养老机构进行消防安全检查并建立台账，建立安全工作例会制度，定期通报养老机构安全隐患和整改情况。

四是加强食品卫生管理，避免因食品卫生问题而出现养老机构纠纷。联合市场监督管理部门加大食品卫生安全督导工作，落实食堂建筑、设备与环境符合食品安全要求，严格监管食品采购、贮存、加工过程，对养老机构相关工作人员进行食品安全考核和定期健康体检，明确食品安全事故处置原则。同时还应考虑老年人身体健康条件，选择合适的菜品进行加工，降低老年人呛噎、消化不良等安全隐患。

（三）贯彻积极老龄化理念，为双方权益保护提供文化保障

1. 倡导积极老龄观，营造尊老自立的社会氛围

一是大力倡导积极老龄观，在全社会加强人口老龄化国情教育，大力弘扬孝亲敬老的传统美德，在社会上营造良好的尊老、爱老、助老氛围。在老年人心理健康教育方面，帮助广大老年人树立终身发展理念，树立积极老龄化、健康老龄化的人生观和价值观，促进老年人参与社会发展，积极拓展老年人发挥作用的领域。同时帮助老年人正确认知自身，承认老年状态，改善心态，摆脱心理负担，避免“恐老病”、老年人抑郁等情况的发生，避免老年人因心理问题而产生自杀、相互伤害等意外事件。在养老机构服务方面，培养养老服务从业人员树立正确的服务观念，提高服务人员的工作积极性，避免服务过程中出现消极怠工和服务失当的行为。

二是树立老年人自立自强的观念，可参照日本的“介护”观念，对于简易日常行为活动，鼓励机构内老年人进行独立操作或监护下操作，培养非失能老年人具有自立生活意识，创造有利于老年人行使公民权益的环境。树立老年人心理自立意识，减轻对子女的精神依赖，养老机构需依托社会力量，通过协调公益组织举办老年文娱活动等工作，使老年人能够发

展自身兴趣爱好，扩展交际圈，拓展生活领域，实现老有所乐，提高社会认同度和家庭地位。支持和帮扶老年人自发组建的社团和兴趣小组，实现老有所为。开设老年兴趣培训班、联合老年大学开展机构内课堂等精神文化活动，帮助老年人不断充实自我，找到新的社会角色，减少自我冲突。

2. 弘扬中华孝道，履行子女应尽的责任和义务

一是弘扬传统孝道文化，营造孝亲敬老的社会氛围，转变传统赡养服侍观念，推广以养老机构常规化、专业化照料为主，子女家属定期探望为辅的现代养老观念，在预防和化解养老机构纠纷上也有重大意义。许多家属存在着"入住养老机构，老年人所有事情都应由对方负责"的思维误区，在新修订的《中华人民共和国老年人权益保障法》第十四条规定："赡养人应当履行对老年人经济上供养、生活上照料和精神上慰藉的义务，照顾老年人的特殊需要。"即便老年人入住养老机构，子女仍存在赡养义务，子女应对入住养老机构的老年人提供经济保障。养老机构也要提醒子女履行对老年人的法定赡养义务，预防因住养财务问题而引发的养老机构纠纷。

二是老年人与养老机构签订的是契约关系，通过支付既定费用获取养老机构服务，不能将经济支持老年人入住养老机构等同尽到赡养义务，同时，《中华人民共和国老年人权益保障法》第十八条也规定："家庭成员应当关心老年人的精神需求，不得忽视、冷落老年人。与老年人分开居住的家庭成员，应当经常看望或者问候老年人。"子女有义务对入住养老机构的老年人做到定期探望、电话联络、网络视频联系等精神关照，提供经济帮助和精神慰藉。政府部门也应大力推广类似河南、重庆等地推出的子女带薪陪护假，给子女赡养老年人提供时间保障。如南京的点将台社会福利院也在签订合同上明确要求入住条件是子女保持定期探望老年人，有利于老年人保持健康心理，降低因心理疾病和精神因素而发生意外的概率，避免或减少了老年人及家属和养老服务机构双方的纠纷。

三、处理纠纷阶段

处理纠纷阶段要针对不同类型、不同规模、不同概率的风险，采取相应的对策、措施或方法，使风险损失对养老机构的影响降到最小限度。在

医养结合机构纠纷的处理过程中，要通过风险防范和应急处理机制以及健全的养老机构综合责任保险和老年人意外保险来管理纠纷风险；要通过促进老年人及家属与养老机构间的相互了解、建立老年人及家属与养老机构间的沟通机制来协调解决纠纷；要通过第三方调解和仲裁机制对权益受到侵害方进行心理疏导和帮扶来调解仲裁处理纠纷，建立完善的风险控制、人文关怀、协商仲裁机制处理纠纷。纠纷处理措施如图 8-3 所示。

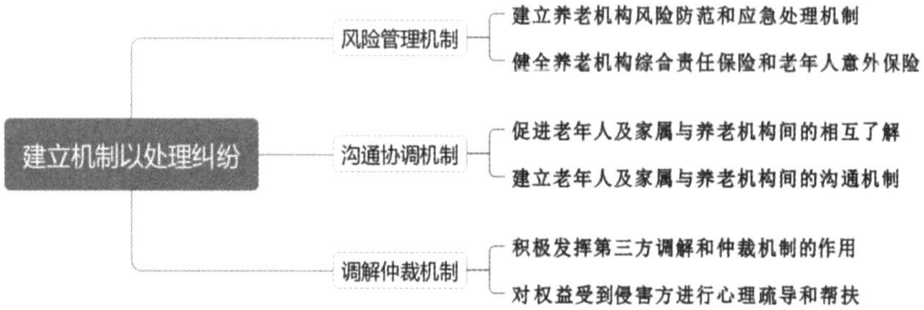

图 8-3　纠纷处理措施

（一）控制风险为主，为化解纠纷实施风险管理机制

1. 发挥养老机构风险防范和应急处理机制的作用

医养结合养老机构应在内部控制理论的指导下，实施以安全管理制度与应急预案、法律指导机制、规范服务合同为核心的住养老年人安全事故风险防范体系。

一是建立分级分类的事故风险防范体系。在风险防范体系框架构建上，根据事故发生概率、事故损害后果、事故发生原因以及事故高发老年人群体等因素，制定并实施符合本机构实际的事故风险清单，并根据事故性质、影响、损失的不同，落实针对性的分级分类防范制度。在风险防范制度建设方面，养老机构应重点围绕老年人健康管理制度、老年人护理等级评定制度、老年人服务操作规范、老年人事故应急处置规范、安全保卫制度等方面加强标准化制度建设，保证服务有规范、责任有落实。医养结合机构的规章制度至少包括患者登记制度、医疗文书管理制度、患者安全制度、患者抢救与转诊制度、患者隐私制度、医疗废物处置管理制度、医务人员职业安全防护管理制度等。

二是发挥老年人事故应急处置机制的作用。事故应急预案应符合《养老机构安全管理》标准要求，在消防安全、食品安全、设施设备安全、服务风险等方面进行风险评估和应急预案处置。适时进行应急处置演练，落实应急处置责任制，保证事故发生后养老机构能及时给予必要的救助。突发事件发生后，养老机构应当立即启动应急处置程序，根据突发事件应对管理职责分工向有关部门报告，并将应急处置结果上报住所地民政部门。对于医疗事故和人身伤害型突发事件，要通过紧急就诊通道在第一时间送达专业医疗机构；对财产侵害事件要及时移交公安机关处理，并稳定老年人心理情绪，配合公安机关的侦查工作。做好应急处置机制，及时处理养老机构内发生的意外事件，避免意外事故演化成纠纷。

三是加强养老机构内部法治机制建设。在养老机构内部监管体系方面，要建立律师指导机制，将服务和管理合法化、合理化，依法防范和处理权益纠纷。例如北京市龙振养老服务中心设立了法务主任一职，明确企业法人代表及主管领导的事故责任追究机制。养老机构应聘请专业养老律师对服务规范进行修订，对外包服务供应商进行核查，对员工诉讼等高度重视，做到及时反馈及时调整。在养老机构入住合同管理方面，要签订规范的合同范本，养老机构在办理入院手续、签订服务合同时若缺乏规范统一的合同范本，则可能出现相关服务标准约定不明确，容易引发纠纷。养老机构服务合同应参考政府提供的示范文本如民政部、工商总局联合制定的《养老机构服务合同》（示范文本）。浙江省民政厅、工商局依据浙江省自身情况，综合法律法规，在前者基础上制定了《浙江省养老机构服务合同》（示范文本）。养老机构需结合本机构的实际情况，细化合同文本，明确各方的权利义务，使合同成为各方行为的有效约束和责任判定依据。合同的内容要公开服务项目和收费标准，合同的签订要保证符合老年人的自身意愿，老年人应确定委托人，并与委托人签订委托协议，确保老年人明确合同规范范畴，明确服务标准，有效降低因合同不规范、免责事宜等因素导致的养老机构与入住老年人之间发生纠纷的概率。

2. 健全养老机构综合责任保险和老年人意外保险

一是建立养老机构综合责任保险制度，加大商业保险支持力度，做好住养老年人的事故应对。在综合责任保险机制建立阶段，为保障老年人和养老机构的合法权益，应坚持政府支持、机构投保、保险公司运作的原则，鼓励支持养老机构投保综合责任保险，保险机构承保综合责任保险，通过全面统保、行业互保的办法，降低养老机构运营风险。例如浙江省民政厅印发《关于全面推行养老服务机构综合保险工作的通知》，要求加大对养老服务机构综合保险资金扶持力度，尤其是对非营利性养老服务机构省级财政、市县级财政各按保费总额的三分之一补助资金，营利性养老服务机构减半补助，其余部分保费由养老服务机构自付。在建立综合责任保险机制后，通过责任保险机制，在运营规划上引导养老机构将资金投入和人力物力投入集中到风险管理和服务质量管理层面，有利于老年人权益的保障和养老机构纠纷的快速协调处理。在运营形式上，应探索商业保险机构与各类养老机构的合作模式，提升养老机构运营效率和稳健性，降低养老机构纠纷的发生概率。

二是健全老年人意外伤害保险机制，为意外事故导致的养老机构纠纷提供解决途径。在推动老年人投保工作层面上，政府部门应积极发挥引导作用，履行在市场监管、舆论引导、资金投入等方面的应尽职责，完善特殊困难群体和重点优抚对象等老年人购买意外伤害险的优惠政策，完善鼓励保险公司加大保险优惠力度的激励政策，营造踊跃投保的社会氛围。养老机构需要在充分尊重老年人意愿，坚持老年人个人或家庭成员自愿投保的前提下，鼓励老年人投保意外险。保险公司应完善养老机构入住者意外伤害的鉴定依据和程序，丰富机构养老群体意外伤害保险的险种，根据养老对象及养老机构护理状况提供差别化的项目设计及多样化的责任赔付标准。在保险行业监督指导层面上，保险监管部门须加强对承保保险公司的指导和监督，建立健全信息通报制度，指导保险公司进行产品和服务创新，增强为老服务意识，提升为老服务质量，确保在保险期内遭遇意外伤害的入住老年人，其意外身故赔偿费用及丧葬费用、意外残疾赔偿费用及残疾用具费用、意外医疗保险费、意外伤害住院补贴、骨折保险费均由保险公司支付，保障老年人及养老机构的合法权益。

（二）注重人文关怀，为化解纠纷构建沟通协调机制

1. 促进老年人及家属与养老机构的相互了解

一是老年人及家属要对养老机构有充分了解。入住前，家属应深入考

察养老机构的资质及真实环境。签订服务合同时，需对机构的硬件设施、护理、医疗等服务水平等进行深入了解。在养老机构所处地理位置和环境方面，优先选择交通便利、就医方便、周边环境安静、生活配套服务设施全面、家属探望便利的养老服务机构；在内部设施条件方面，要选择参照国家标准建设的养老机构；在膳食方面，选择有合法供应商或有食品卫生经营执照的养老服务机构，对提供的食谱也应当要求少油少盐、易于消化、营养均衡；在护理质量上，要选择有服务要求规范的，事先评估老年人的身体情况、服务需求，给出量身定制护理计划的养老机构。对于失能半失能老年人，要着重考察养老服务机构的护理内容、专业程度、服务态度，优先选择匹配老年人自身需求的养老机构，对包括康复理疗、中医等服务项目要了解其执业资格，在源头上将因医务人员而引起的养老机构纠纷发生可能降到最低。入住后，双方要进行坦诚沟通，充分了解相关情况。尤其是纠纷发生时，家属要明确纠纷的责任主体，许多家属存在着“入住养老机构，老人所有事情都应由对方负责”的认识误区，由于入住养老机构的老年人存在自控力低、事发率高的情况，在事件发生时应查明导致事故发生的原因，明确事故是否因养老机构服务设施或服务不当引起。

二是养老机构要对入住老年人进行充分了解。养老机构要规范入院流程，对老年人进行身体检查和全面评估。养老机构应对外公开服务项目和收费标准，对需要入住的老年人进行能力评估、健康体检、家庭调查等工作，规范老年人入住养老机构流程。老年人入住必须由其家属提供老年人一个月内的体检报告，对于不出示体检报告或养老服务机构不能满足老年人健康需求的情况，应不予安排入住，避免因服务需求不匹配引起意外事故导致的养老服务机构纠纷。养老机构要每年安排入院老年人进行至少一次体检，并将体检结果及时告知家属。养老机构也需了解老年人的生活起居习惯、饮食习惯、个人兴趣爱好、心理情绪状况等；对于入住医养结合机构的老年人，要关注其健康状况，了解疾病康复情况；康复服务过程中，康复工作人员应与老年人保持交流，及时掌握老年人的身心状况，按需提供相应的康复服务。

2. 建立老年人及家属与养老机构的沟通机制

一是在日常状况下，要建立养老机构和老年人及老年人家属的日常沟通信息平台。例如通过微信群进行照片分享、视频分享、语音文字交流，通过视频沟通软件或者线上直播软件等，共享老年人接受服务情况、老年人生活质量、健康状况、心理诉求等信息，加强养老机构与老年人及其家属三方之间的联系。养老机构应定期组织开放日、孝亲日等活动，邀请社会媒体、公众和老年人子女参与，对养老机构内部照护情况进行公开，建立三方信任关系，改善养老机构服务质量，帮助老年人适应环境，提高养老机构服务透明度，有利于养老机构纠纷的预防。

二是在特殊状况下，完善住养老年人出现不良变化时的报告机制。对于住养老年人的身体状况改变要及时通知老年人自身及家属，对突发意外事件要第一时间通知家属，如实告知并要求家属来院，及时寻求可靠的医疗帮助。同时建立授权机制，在家属无法及时履行责任时授权养老机构对老年人突发意外状况进行紧急医疗处理或通过紧急救助通道送往专业医疗机构处理，避免延误救治时机而诱发养老机构纠纷。健全的沟通机制是建立养老机构和住养老年人家属合作关系及信任共识的基础，为日后可能出现的纠纷问题在客观上提供了良好的解决环境。

三是发生服务纠纷时，要按照服务纠纷处理程序规范进行。1. 老年人受伤的，应当转送医疗机构救治并及时通知其代理人或者紧急联系人。2. 告知老年人或者其代理人服务纠纷处理的办法和程序。3. 在老年人的代理人或者紧急联系人在场的情况下，对服务协议等相关资料进行封存，并妥善保管。老年人或者其代理人在资料封存之日起超过 3 年未提出解决纠纷要求，或者服务纠纷已经解决的，养老机构可以自行启封。4. 配合民政等有关部门做好调查处理工作。5. 老年人在养老机构内死亡的，依照殡葬管理有关规定处理。基于突发事件引发的服务纠纷，养老机构应当先行妥善安置老年人。

（三）注重协商处理，为化解纠纷构建调解仲裁机制

1. 积极发挥第三方调解和仲裁机制作用

根据民政部等部门公布的《关于规范养老机构服务行为 做好服务纠纷处理工作的意见》，如发生服务纠纷，积极运用协商、调解等措施推动矛盾纠纷及时高效化解，保障老年人身体健康和生命财产安全。

一是引导当事人自愿协商解决纠纷。对责任明确、当事人无重大分歧或异议的服务纠纷，可以协商解决。鼓励养老机构成立由入住老年人和代理人代表组成的院民委员会，参与纠纷调解。协商解决应当坚持自愿、合法、平等的原则，尊重客观事实、注重人文关怀，文明、理性表达意见和诉求。协商一般应当在配置录音、录像、安保等条件的场所进行。养老机构可以指定、委托协商代表，或者聘请专业法律顾问参与协商。老年人家属人数较多或者纠纷涉及老年人人数较多的，可以推举代表进行协商。双方经协商，可以自行和解达成协议。当事人之间就和解协议的履行或者内容发生争议的，可以向当地人民法院提起诉讼。

二是运用调解等方式化解纠纷。服务纠纷发生后，当事人可以向纠纷发生地或者当事人所在地的人民调解委员会申请调解，人民调解委员会也可以依法主动调解，防止矛盾激化。经人民调解委员会调解达成的调解协议，具有法律约束力，当事人应当按照约定履行。人民调解委员会调解不成的，应当终止调解，并依据有关法律、法规的规定，告知当事人可以通过仲裁、行政、司法等途径依法维护自己的合法权利。根据纠纷化解需要，具备条件的地区可以依法设立养老服务纠纷行业性、专业性人民调解委员会。上海市杨浦区、宁波市等成立涉老纠纷调委会专门调处养老机构和住养老年人之间的纠纷。探索开展服务纠纷行政调解，对涉及人数较多、影响较大、可能影响社会稳定的服务纠纷，民政部门可以依当事人申请，通过建议、劝告等非强制方式，引导当事人达成调解协议，化解纠纷。经人民调解、行政调解达成调解协议后，双方当事人认为有必要的，可以依法向人民法院申请司法确认。鼓励行业协会开展调解工作，积极发挥行业自律和服务功能，促进纠纷及时有效化解。

三是依法裁判服务纠纷案件。坚持“调解优先、调判结合”的方针，对具备调解基础的案件，按照自愿、合法原则，引导当事人通过调解解决纠纷。对调解不成的案件，人民法院应当根据相关规定及时立案或者恢复审理，依法作出判决。在审理涉服务纠纷案件时，要根据老年人权益保障法等相关规定，平等保护老年人和养老机构的合法权利；要坚持权责一致原则，根据服务协议、老年人的特殊生理特点，以及养老机构履行服务协议和管理职责等客观情况，依法确定各方责任。对养老机构已经依法履行服务协议和管理职责，符合服务标准的，依法裁判养老机构减轻或免除责任。建议通过发布指导性案例等方式，加强法律宣传教育，发挥释法说理功能，体现法理情相协调。

2. 及时对权益受侵害老年人进行心理疏导和帮扶

一是要做到情绪抚慰和心理疏导。在养老机构纠纷善后过程中，有关部门或组织应派遣专人看望受侵害的老年人，依靠家属对老年人进行心理疏导，帮助老年人走出心理阴影，弥补精神创伤。引入社会关爱、居委会调解、养老机构协调、民间爱心机构帮扶等多元化社会纠纷协同解决机制，共同为老年人维权提供帮助，力求让老年人感受到社会各界的关心爱护，帮助老年人树立健康、积极、理性的心态对待日后生活。

二是要积极进行帮扶和事件处理。了解老年人受侵害的诉讼请求，针对人身权益侵害，要保障对责任方的处理处罚落实到位。对受侵害的老年人提供物质帮扶，对受到身体伤害的老年人要进行医疗援助，政府部门应呼吁社会慈善组织、爱心人士为受到侵害的老年人进行经济援助和募捐活动，鼓励公益组织为权益受到侵害的老年人开展爱心服务、义务诊疗等公益项目；对于财产权益侵害，政府部门要督促公安机关重点查处、优先解决侵犯老年人财产权益案件，提醒老年人慎重处理名下房产，交付款项时多留证据，生活中切忌将身份证、印章等交予他人，防止再次发生侵害老年人合法财产权益的事件。政府部门要严惩侵害老年人人身权益的机构或个人，积极推进善后工作，及时向社会公开发布养老机构纠纷处理结果。

附录一

医养结合机构老年人权益纠纷舆情分析报告

进入老龄化社会以来，我国呈现出老年人口基数大、增速快、高龄化、失能化、空巢化趋势明显的态势。我国政府高度重视养老服务事业的发展，在建立健全养老服务体系方面做了很多工作，越来越多的老年人选择入住养老机构。然而，侵犯老年人人身、财产、住房等事件屡见报端。本报告分析总结了2015—2017年养老机构内老年人权益纠纷的相关报道，对纠纷类型进行划分，为纠纷解决提供依据。

一、舆情概况

本报告统计了2015—2017年内全网媒体报道的养老机构内老年人权益受侵害事件，统计显示侵权事件主要分为老年人在养老机构内的意外伤害事件、养老机构内护理人员对老年人的虐待事件、养老机构处置措施失当造成的老年人伤害事件、养老机构对老年人进行欺诈或非法集资等事件。这些事件破坏了公众安全感，降低了公众对养老机构的认同度和满意度，甚至威胁老年人的生命财产安全，严重影响了养老服务行业的健康发展以及老年人的合法权益保障。根据百度搜索，列举2015—2017年10起媒体报道的典型事件新闻标题，见表1。

表 1　2015—2017 年媒体报道典型事件

序号	事　件
1	经营养老院“三大难”一个老人倒下击倒一个院
2	老人走出养老院身亡 养老院是否承担责任？
3	无良骗子“入侵”养老院 10 元药骗老人万元
4	5·25 河南养老院特大火灾事故
5	吉林通化一养老院突发火灾事故
6	济南 71 岁大爷声称遭虐待 敬老院：他小脑萎缩
7	68 岁老人在敬老院与人发生口角 抄铁锤砸头
8	惨！曝敬老院老人遭虐待 腿烂生蛆残肢被埋
9	养老院圈钱骗局 办会员享折扣可返利其实只为圈钱
10	北京晨报：养老院怎成了“欺老院”

二、舆情分析

2015—2017 年事件报道数量如图 1 所示，从新闻报道的数量上看，2015—2017 年，关于老年人人身伤害的新闻报道最多，其次是关于财产权益受侵害的报道。舆论焦点主要在老年人人身伤害以及财产权益遭受侵害两方面。老年人人身伤害类事件中，报道数量最多的是火灾事故和养老机构虐待老年人事件，分别为 675 件和 639 件。财产权益侵害类事件中，报道最多的是非法集资类的案件，有 570 件，其次为老年人财务失窃及信息安全和欺诈老年人两类事件报道。

（一）2015—2017 年老年人人身伤害类事件

老年人人身伤害类事件引起舆论关注的主要有以下七类，如图 2 所示。

1. 因火灾等意外事故引发的老年人伤害事件

此类事件占报道量的 34.87%。该类事件的危害性大，极易引发社会关注。近年来养老机构火灾事故频发，其中影响较大的有某养老院特大火

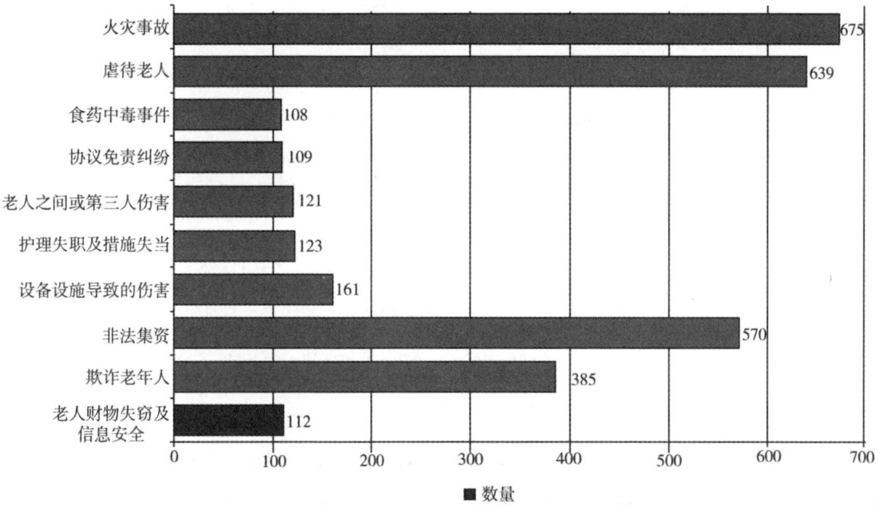

图 1　2015—2017 年事件报道数量（按标题搜索）

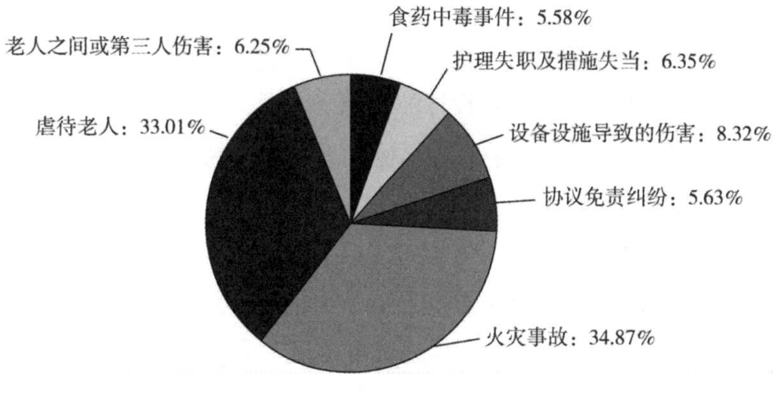

图 2　2015—2017 年人身伤害类事件类型分析

灾事故，共造成 38 人死亡、4 人轻伤、2 人重伤，各大媒体纷纷跟进报道，引起舆论广泛关注，这起事故主要是由养老院线路老化、建筑材料不达标引发的，此次事件为今后养老院的消防安全敲响了警钟。

除此之外，还有人为纵火导致的惨剧，如人民网《黑龙江一敬老院发生火灾 不排除人为纵火的可能》一文指出，该起事件造成了 10 人死亡，最后经调查，火灾是由于敬老院内一名入住老人财物丢失，为泄私愤纵火而致。新浪网报道的《养老院失火烧死人 院方拒赔称老人吸烟导致火灾》事件是由于老人吸烟所引发，养老院以此为由拒不赔偿而引发纠纷。此外，还有其他安全事故引发养老机构老人死亡的，如 2017 年 1 月某养老院一氧化碳中毒事件，导致 3 名老人死亡，事件的主要原因是 1 名老人自制炉子取暖，因门窗紧闭、通风不畅，导致同居一室的 3 名老人死亡。

2. 养老机构护理人员虐待老人的事件

此类事件属于典型的侵权事件，占报道量的 33.01%，受害者及其家属不仅可以对养老院提起民事诉讼，也可向公安机关报案。虐待事件虽然不多发，但是影响恶劣，容易点燃社会公众情绪，对整个养老产业造成负面影响。较典型的事件是 2017 年 1 月凤凰网报道的《养老院一老人多处受伤 疑似虐待》，该事件引起了社会广泛关注。虽然调查结果显示，老人受伤是由于局部组织受压、血液循环障碍、局部缺血、缺氧致使软组织溃烂和坏死的形成，但老人家属并不认同，由此引发与养老机构之间的纠纷。近年来，养老机构内虐老事件背后的原因应引起相关部门的重视和社会的关注。其深层次的原因引人深思，这不仅仅是护理责任人之错，也是机构管理上的漏洞，更是有关制度设计的不健全。

3. 因养老机构设施设备不达标造成的老人受伤害事件

此类事件占报道量的 8.32%。如中国新闻网《经营养老院“三大难”一个老人倒下击倒一个院》一文报道了因为养老机构安全设施不达标导致老人遭受伤害、养老机构在事故发生后停止经营的事件。

4. 因养老机构护理失职或措施失当造成的老人伤害事件

此类事件报道占 6.35%。该类事件往往是由于养老机构护理人员的疏忽或采取的措施失当，违反了养老服务协议的有关规定，导致老人身体健康或生命受到损害，以及由于养老机构的疏忽造成入住老人走失从而引发的受侵害事件。此类事件的报道中，受害人及其家属一般是依据养老服务协议，以养老机构违约为由提起诉讼，只要能够证明养老机构存在有违反协议内容的客观情形且主观上存在过错。但养老机构承担责任的大小，则需视具体情况而论。引发舆论热议的报道主要有：《齐鲁晚报》《护工失误致老人摔伤养老院赔三万余元》一文报道了在陪同老人散步过程中由于护工的失误导致老人摔倒受伤而引发的纠纷；以及人民网《老人走失三天，养老院被判赔偿》一文报道了老人趁养老院门岗不备出走，三天后被找到，法院判决养老院由于未能及时制止或劝说而承担主要责任。此外，由于老人走失引发事故的也屡见不鲜，如环球网报道的《养老院疏忽致老人走失死亡 家属获赔12万》，事故发生是由于养老院的管理疏忽未将大门锁好，使得老人自行开门离开养老院而导致的。

5. 养老机构老人之间或第三人的伤害事件

此类事件占6.25%，通常发生在养老机构的老人与老人之间，或是发生在养老院外的人与养老院的老人之间。这类事件也属于易引起公众关注的事件。如《一老人入住敬老院十余天后被室友殴打身亡　敬老院称伤害行为免责》的报道，法院认为，养老机构对老人负有看护责任，对行凶老人精神状况有充分了解、高度关注的义务，但养老机构并未采取相应措施，故判决养老机构与行凶老人承担连带责任。

此外还有由于老人失智导致的意外伤害，如齐鲁网《失智老人护理难度大，养老院“绑”老人实属无奈》中报道的某养老院中有的失智老人被硬生生绑在椅子上。据工作人员介绍，将老人绑住是为了防止他自残或伤人。这种对待老人的方式显然超出了公众认知的范围，但对养老机构来说，将老人绑起来也实属无奈之举。有的失智老人还成了不懂事的“老小孩”，脾气暴躁、动辄打人骂人。这促使我们将目光转向不断扩大的失智老年人群体，家庭、社会、政府该如何应对，已经成为一个亟须解决的问题。

6. “协议免责”的意外伤害事件

此类事件占5.63%。如《养老院里老人出意外 谁负责?》曝光的一个案例就是养老院在养老服务合同中明确了免责条款，老人发生意外后，以免责条款为由拒不承担责任而引发的纠纷事件。2015年《北京晚报》报道了《摔倒致伤是养老院最常见纠纷》，报道指出在北京市各基层法院审理的养老服务纠纷中，因老人摔倒而引发的占大多数，其余的是走失、吃饭窒息等。在养老服务纠纷中，养老机构是否采取紧急救助措施，是否及时送医，往往成为双方产生争议的焦点。审理此类案件较多的法官介绍说，养老服务纠纷有个共同的特点，即老人一方的举证能力低。养老机构在与老人签订养老合同时往往会规定很多免责条款，法官建议在签订养老服务协议时，应在书面合同中详细列明双方的权利义务，老人或家属应和养老机构明确约定养老机构应履行何种程度的看护义务。

7. 因食药卫生安全事故导致的老人人身伤害

此类事件占5.58%，安全事故极易引起舆论关注。如2017年5月凤凰网报道的某养老院多人腹泻，疑似食物中毒，这起事故因厨师误将亚硝酸盐当成白糖掺入食品中，导致10位老人食物中毒。2014年搜狐网报道的某敬老院70位老人疑似食物中毒，事件的主要原因是食物供应商在处理食材环节上出现问题，导致食物中二氧化硫含量超标，说明该养老机构对食品安全的把关不严格。类似事件的发生大都是由于养老机构的管理不严、护理人员疏忽导致的，事故处理中养老机构负完全责任。

（二）2015—2017年媒体报道的老年人财产权益受侵害的事件

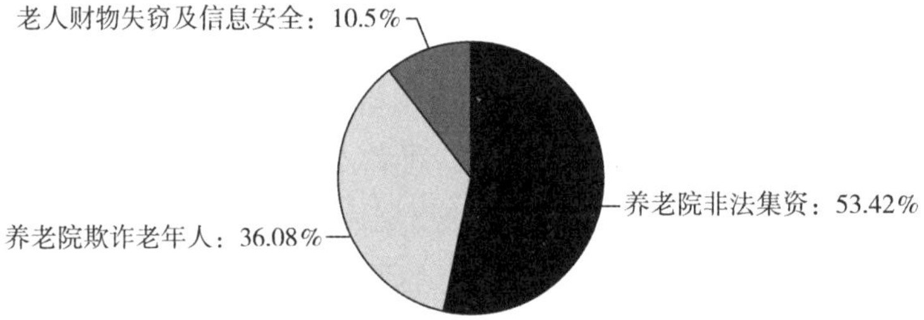

图3　2015—2017年财产侵权类事件分析

1. 以“投资养老”为名的非法集资

在民营养老行业，以各种名义吸金的现象十分常见，具体的模式主要以押金和投资两种名义收取。关于押金，一种是以医疗保障金等名义收取押金，用于老年人生病等紧急情况；另一种是一些养老机构推出的一次性缴纳巨额押金项目。至于投资，主要是针对养老公寓产权、使用权的投资。这些模式中不管哪种，都需要老人首先拿出一笔数额不菲的资金给养老机构，对于老年人来说，这些做法其实风险很大，一旦投资失败，养老钱不保。这类事件不仅影响范围广，而且性质恶劣，降低了公众对于养老机构的信任度。如2016年《华西都市报》《“养老公寓”涉嫌非法集资 高额返利诱惑老人》和2017年3月东南网《三明百名老人“入股”养老院被骗300多万元》等新闻中报道的事件都属于非法集资。影响较大的是

2016年新华网《养老院高额押金成监管盲区“零成本”涉嫌非法集资》中曝光的怡养爱晚（北京）养老实业发展有限公司，卷走千余名老人以会员投资的形式交付的上亿元养老钱。它们主推养老基地，为老年人提供所谓“零风险”的养老投资和“零费用”的养老服务，此类不法分子往往利用老年人渴望“老有所养”的心情，同时又缺乏法律保护意识、爱跟风、易轻信等弱点，以养老建设项目或与养老相关的健康养生项目为诱饵，通过高息回报、预订床位、预存费用等方式，再施以免费旅游、赠送礼品等小恩小惠，非法吸收公众存款，进行非法集资诈骗。

2. 收费高却无法提供相应服务的欺诈事件

有的民营养老机构所提供的服务名不副实，在收取高额服务费用后无法兑现所承诺的服务。他们通过“会员候鸟式养老”“以房养老”等名目诱骗老年人购买服务或进行投资，然而实际上却并不提供任何服务或遵守合同，由此导致很多老年人上当受骗。最近影响较大的一则新闻是《人民日报》登载的《北京某养老院欺诈销售　霸王条款坑养老钱》，文章对于当前的养老机构侵犯老年人财产事件作了梳理，认为当前的养老市场现状较为混乱，随着资本的大量涌入，养老模式逐渐多元化，但行业规范还没完全建立，很多机构为盈利不择手段，严重损害了老年人的合法权益。2016年经济之声《天天315》节目多次重点关注并报道了多家民办非营利养老机构存在忽悠老人高价购买入住权或高价预售床位使用权等内容，多次在节目中提醒大家，国家相关收费政策明确规定，不允许民办非营利养老机构对外销售入住权或预售床位，所谓的入住权或者占位费，完全属于一种不正当的、巧立名目的收费项目。

3. 老年人财产及信息安全的侵害事件

此类侵害事件主要因为养老机构内部管理不完善，导致老人在养老机构内财物失窃、老人隐私遭到泄露以及外来人员向老人诈骗等情况。典型的事件报道有2016年今日头条报道的《敬老院护工盗窃老人财物，检察院主持和解追回损失》，以及新浪网报道的《留守老人昏迷后2500元被偷　窃贼原是敬老院老人》。除此之外，还有凤凰网报道的《骗子从社区“入侵”到养老院 10元药骗老人万元》，指出很多骗子伪装成家属进入养老机构对老人行骗。这些问题一方面凸显了养老机构的日常管理还存在一定的问题，另一方面则体现了老人自身防范意识不足，亟待养老机构规范管理和及时对老人开展相关防范辅导。

（三）2016 年 7 月至 2017 年 7 月网络舆情分析

1. 养老机构老年人人身伤害报道信息量

百度搜索提供的数据显示（如图 4 所示），从时间变化上看，各时间段报道量差异较大，这主要是由于某些突发事件而引起的信息量突然增长。2017 年 1 月，某养老院发生火灾的事件引起了各大媒体的关注与报道，从这一时间段开始，有关养老机构伤害的事件报道开始增多，在 2017 年 4 月达到最高值。人身伤害事件的新闻报道有一定的时间性和集中性，某一时段由于某起事件所引发的报道可能会被多家网站或者媒体集中转载，从而引起更广范围的传播。

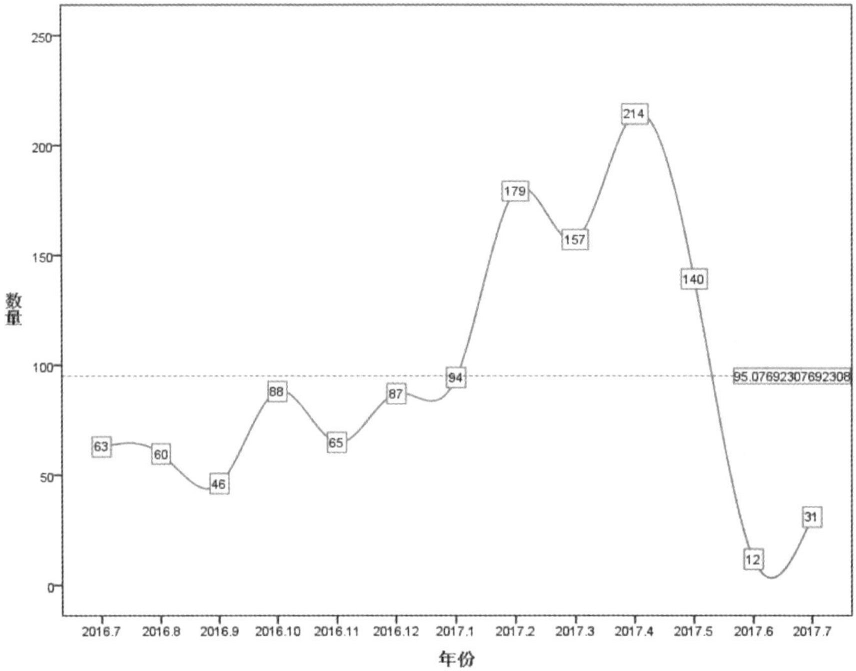

图 4　2016 年 7 月至 2017 年 7 月养老机构老年人伤害报道信息量曲线图

2. 养老机构老年人财产侵害事件报道量

百度搜索提供的数据显示（如图 5 所示），养老机构老年人人身伤害事件报道量平均水平低于老年人财产损失报道量。财产侵害事件呈现出某一时间段的爆发性增长，且报道量要高于人身伤害报道量，财产侵害主要集中于养老机构非法集资以及诈骗方面，更易受到关注。

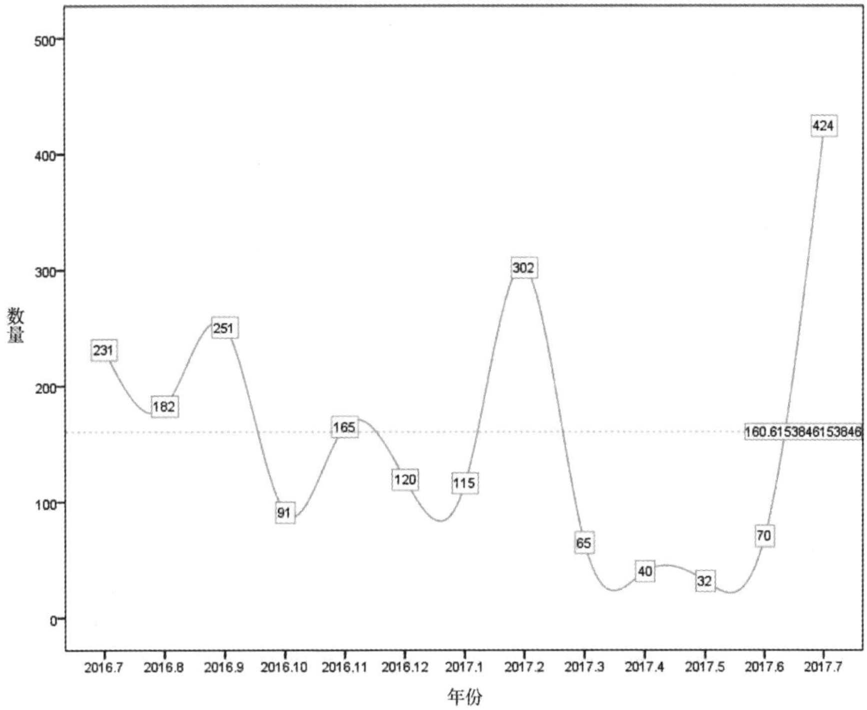

图 5　2016 年 7 月至 2017 年 7 月养老机构老年人财产侵害事件报道量曲线图

3. 百度搜索标签云展示

通过图 6 百度搜索标签词云可以看出养老机构人身伤害事件的关注度要高于财产类伤害事件，养老机构火灾和虐待老人在百度搜索中所占的比例要远远高于其他词语，其次是关于养老机构非法集资和养老机构欺诈老人的搜索，权益侵害与养老机构纠纷的搜索热度也相对较高，可见社会大众对于老年人权益受侵害这一问题越来越关注。另外关于《中华人民共和国老年人权益保障法》的搜索热度也较高，由此可知在老年人维权方面，媒体及舆论的宣传还不到位，公众对于维权的方式方法不熟悉，很多时候只有在纠纷已经发生之后才会主动去了解维权的途径方法。公众对于养老院侵权事件的关注度相对于其他侵权事件低，媒体的报道量相对偏少，舆论对于养老机构侵犯老年人权益事件的关注度整体还处于较低水平。

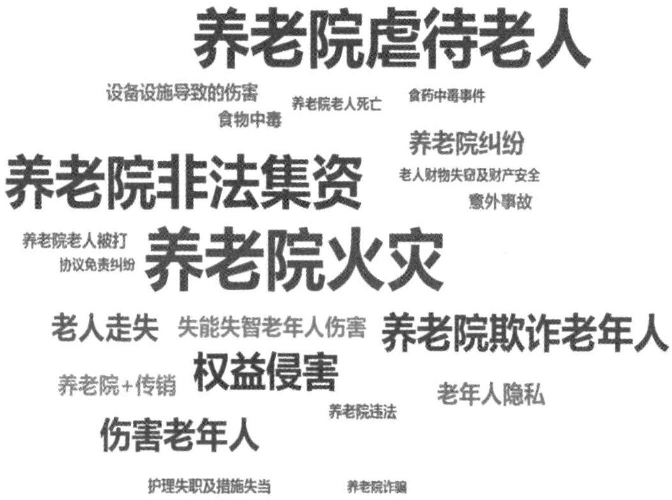

图 6　百度搜索标签词云

4. 养老机构侵害老年人权益事件信息受众情况

根据全网信息受众情况统计显示，女性受众比例要高于男性受众，女性更关注养老机构侵犯老年人权益事件。从年龄段上来看，25—34 岁这一年龄段对养老机构侵犯老年人权益事件最为关注，而 35—44 岁这一年龄段中的男性比女性的关注度更高。老年群体对于养老机构侵害事件的关注度都很小，这一方面是由于老人对于网络媒体的不了解，另一方面是老人的维权意识相对薄弱，在权益受侵害时更多的是依靠儿女或者新闻媒体来进行维权。从地域上看，剔除缺失省份后，北京、广东等东部沿海以及湖南、江西等南方省份对养老机构侵权事件的关注度较高。其中北京和广东的关注度最高。

5. 媒体传播渠道

根据媒体传播渠道（如图 7 所示）统计分析，从媒体信息传播渠道上来说，微信成为老年人侵权事件传播的主要渠道，占比最高，为 86. 16%。其次是微博传播，占 6. 80%。新闻网站已经从之前信息传播的主要渠道让位于微信，为 3. 78%，而微信所产生的信息接收度最高，对于养老机构侵权事件的传播也最为直接和迅速。但微信传播由于很大一部分是基于人际

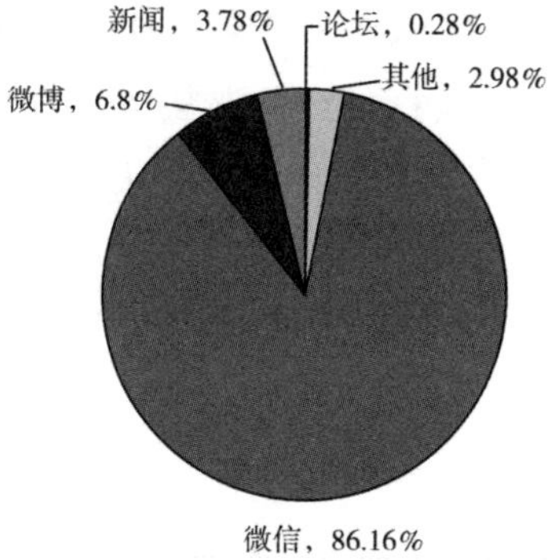

图 7　媒体传播渠道

关系上的传播，容易导致信息集聚，即信息只会在本身对这一话题感兴趣的圈子内传播，不利于维权知识的大范围普及。

三、结论

结合以上数据分析及相关新闻梳理，可以得出以下几点结论。

首先，从事件的类型上看，以下两大主题成为舆论聚焦点。一是养老机构老年人人身伤害事件，主要包括护理人员虐待老人、老人互相伤害、养老机构火灾等事件。二是养老机构老年人财产权益侵害事件，主要以养老机构非法集资、诈骗老人钱财及老人财务失窃等事件为主，此外还有养老机构与老年人的合同纠纷事件，主要由于养老机构的服务和管理不到位所造成的老人权益受损。

其次，从传播渠道以及信息来源上看，微信成为舆论传播的主渠道，而新闻曝光依旧是老年人获取权益侵害事件信息的主要来源。养老机构老年人权益遭侵害事件的报道很大一部分是由新闻媒体记者曝光，很少由受害老人主动举报，这一方面是由于老年人与网络脱节，缺乏必要的技术支持和表达渠道，另一方面则是老年人维权意识薄弱，缺乏基本的维权知识。

再次，从信息受众角度看，对养老机构侵害老年人的事件信息关注度最高的是 25—44 岁的中青年人群，这一年龄段多为入住老人的子女一代，同时整体上女性受众要多于男性受众，但是在 35—44 岁这一年龄段里男性受众要多于女性受众。中青年人群对于养老机构侵害老年人权益事件的关注直接影响整个社会对养老机构的评价，从这一方面也可以看出整个社会对养老机构的服务质量和服务水平的关注。从受众的地域分布上来看，沿海和经济相对发达的省份对养老机构侵害老年人权益事件的关注度较高。

最后从舆论层面来看，由于媒体关于养老机构的报道多呈负面，如出现纠纷时舆论往往把主要责任归结于养老机构一方，使得公众对养老机构产生了不信任，这对于养老服务业的整体健康发展也产生了不利影响。媒体报道多从某些典型且严重的侵害事件切入，部分报道还有夸大成分，造成了很多老年人及子女在选择入住养老机构时想进而不敢进，形成一种人人自危的局面，对养老院采取排斥的态度。养老机构侵犯老人权益事件不仅需要社会各界的重视，也是政府管理部门关注的重要议题。站在老年人的角度来看，老年人的生理、心理特点和疾病情况决定了养老服务行业的特殊性，作为服务需求方的老人权益极易受到侵害。媒体报道多从事件本身入手，缺乏对于老年人如何保护自身合法权益的舆论引导。对于养老机构侵犯老年人权益的事件，舆论曝光不仅仅要及时揭露养老机构的违法行为，还要从维护老年人权益的角度做好舆论引导，不能为吸引公众眼球而夸大事实，应如实将事件及后续解决情况传播给公众及政策制定者，加强普法力度，尤其是做好《中华人民共和国老年人权益保障法》的宣传普及，引导老年人学会拿起法律武器保障自身的合法权益。媒体在曝光不良养老机构的同时，也要多宣传为老年人提供优质服务的养老机构，树立行业标杆，优化舆论环境，促进养老服务业的健康发展，切实保障老年人的合法权益。有关部门应加强调查研究，加强养老机构服务质量监管，加强执法力度，对设施和服务不达标的养老机构要坚决予以整治，推动出台加强老年人权益保护的政策措施。社会各有关方面应在老年人权益受侵害时为老年人提供必要的法律援助，在全社会营造尊老、爱老、助老的氛围。

附录二

医养结合有关政策、标准节选

一、政策节选

2013 年 7 月 30 日，民政部发布《民政部关于推进养老服务评估工作的指导意见》（民发〔2013〕127 号），在推进养老服务评估工作的主要任务中提出要探索完善评估指标体系，“评估指标应当涵盖日常行为能力、精神卫生情况、感知觉情况、社会参与状况等方面，所需健康体检应当在经卫生行政部门许可的开展健康体检服务的医疗机构内进行”。在推进养老服务评估工作的保障措施中提出：“要选择责任心强、业务素质过硬的人员参与评估，加强岗前培训，使其具备医学、心理学、社会学、法律、社会保障、社会工作等基础知识。”

2013 年 9 月 6 日，国务院发布《国务院关于加快发展养老服务业的若干意见》（国发〔2013〕35 号），在发展目标中提出：“到 2020 年，全面建成以居家为基础、社区为依托、机构为支撑的，功能完善、规模适度、覆盖城乡的养老服务体系。”在主要任务中提出：“发展居家网络信息服务。地方政府要支持企业和机构运用互联网、物联网等技术手段创新居家养老服务模式，发展老年电子商务，建设居家服务网络平台，提供紧急呼叫、家政预约、健康咨询、物品代购、服务缴费等适合老年人的服务项目。”“推动医养融合发展。各地要促进医疗卫生资源进入养老机构、社区和居民家庭。卫生管理部门要支持有条件的养老机构设置医疗机构。医疗机构要积极支持和发展养老服务，有条件的二级以上综合医院应当开设老年病科，增加老年病床数量，做好老年慢性病防治和康复护理。要探索医疗机构与养老机构合作新模式，医疗机构、社区卫生服务机构应当为老年人建立健康档案，建立社区医院与老年人家庭医疗契约服务关系，开展上门诊视、健康查体、保健咨询等服务，加快推进面向养老机构的远程医疗服务试点。医疗机构应当为老年人就医提供优先优惠服务。”

2013年9月28日，国务院发布《关于促进健康服务业发展的若干意见》（国发〔2013〕40号），其中明确提出“加快发展健康养老服务”，包括推进医疗机构与养老机构等加强合作以及发展社区健康养老服务等。“推进医疗机构与养老机构等加强合作。在养老服务中充分融入健康理念，加强医疗卫生服务支撑。建立健全医疗机构与养老机构之间的业务协作机制，鼓励开通养老机构与医疗机构的预约就诊绿色通道，协同做好老年人慢性病管理和康复护理。增强医疗机构为老年人提供便捷、优先优惠医疗服务的能力。推动二级以上医院与老年病医院、老年护理院、康复疗养机构等之间的转诊与合作。各地要统筹医疗服务与养老服务资源，合理布局养老机构与老年病医院、老年护理院、康复疗养机构等，形成规模适宜、功能互补、安全便捷的健康养老服务网络。发展社区健康养老服务。提高社区为老年人提供日常护理、慢性病管理、康复、健康教育和咨询、中医保健等服务的能力，鼓励医疗机构将护理服务延伸至居民家庭。鼓励发展日间照料、全托、半托等多种形式的老年人照料服务，逐步丰富和完善服务内容，做好上门巡诊等健康延伸服务。”

2015年2月3日，民政部等10部门联合发布《关于鼓励民间资本参与养老服务业发展的实施意见》（民发〔2015〕33号），该实施意见提出推进医养融合发展。“支持有条件的养老机构内设医疗机构或与医疗卫生机构签订协议，为老年人提供优质便捷的医疗卫生服务。各级卫生计生行政部门要对养老机构设立医务室、护理站等医疗机构给予大力支持，积极提供便利；按规定进行设置审批和执业登记。养老机构内设医疗机构符合职工基本医疗保险、城镇居民基本医疗保险和新型农村合作医疗定点医疗机构条件的，要按规定申请纳入定点范围。在定点医疗机构发生的符合规定的医疗康复项目费用，可按规定纳入基本医疗保险支付范围。扶持和发展护理型养老机构建设。对民间资本投资举办的护理型养老机构，在财政补贴等政策上要予以倾斜。要将养老机构内设医疗机构及其医护人员纳入卫生计生行政部门统一指导，在资格认定、职称评定、技术准入和推荐评优等方面，与其他医疗机构同等对待。加强对养老机构中医师、执业护士、管理人员等的培训，强化医养融合发展的人才保障。鼓励医师和执业护士到养老机构、医疗机构中提供服务。促进医疗卫生资源进入社区和居民家庭，加强居家和社区养老服务设施与基层医疗卫生机构的合作。”

2015 年 3 月 6 日，国务院办公厅发布《关于印发全国医疗卫生服务体系规划纲要（2015—2020 年）的通知》（国办发〔2015〕14 号），其中明确提出：“推进医疗机构与养老机构等加强合作。推动中医药与养老结合，充分发挥中医药‘治未病’和养生保健优势。建立健全医疗机构与养老机构之间的业务协作机制，鼓励开通养老机构与医疗机构的预约就诊绿色通道，协同做好老年人慢性病管理和康复护理。增强医疗机构为老年人提供便捷、优先优惠医疗服务的能力。支持有条件的医疗机构设置养老床位。推动二级以上医院与老年病医院、老年护理院、康复疗养机构、养老机构内设医疗机构等之间的转诊与合作。在养老服务中充分融入健康理念，加强医疗卫生服务支撑。支持有条件的养老机构设置医疗机构。统筹医疗服务与养老服务资源，合理布局养老机构与老年病医院、老年护理院、康复疗养机构等，研究制订老年康复、护理服务体系专项规划，形成规模适宜、功能互补、安全便捷的健康养老服务网络。发展社区健康养老服务。提高社区卫生服务机构为老年人提供日常护理、慢性病管理、康复、健康教育和咨询、中医养生保健等服务的能力，鼓励医疗机构将护理服务延伸至居民家庭。推动开展远程服务和移动医疗，逐步丰富和完善服务内容及方式，做好上门巡诊等健康延伸服务。”

2015 年 4 月 24 日，国务院办公厅发布《关于印发中医药健康服务发展规划（2015—2020 年）的通知》（国办发〔2015〕32 号），在重点任务方面明确提出积极发展中医药健康养老服务，“发展中医药特色养老机构。鼓励新建以中医药健康养老为主的护理院、疗养院。有条件的养老机构设置以老年病、慢性病防治为主的中医诊室。推动中医医院与老年护理院、康复疗养机构等开展合作。促进中医药与养老服务结合。二级以上中医医院开设老年病科，增加老年病床数量，开展老年病、慢性病防治和康复护理，为老年人就医提供优先优惠服务。支持养老机构开展融合中医特色健康管理的老年人养生保健、医疗、康复、护理服务。有条件的中医医院开展社区和居家中医药健康养老服务，为老年人建立健康档案，建立医疗契约服务关系，开展上门诊视、健康查体、保健咨询等服务”。

2015 年 11 月 18 日，国务院办公厅转发了卫生计生委等 9 部门《关于推进医疗卫生与养老服务相结合的指导意见》（国办发〔2014〕84 号），该指导意见是我国医养结合政策最具代表性的文件，系统提出医养结合的基本原则、发展目标、重点任务、保障措施等内容，对重点任务的有关要求作了进一步的细化。“推动医疗卫生服务延伸至社区、家庭……鼓励为社区高龄、重病、失能、部分失能以及计划生育特殊家庭等行动不便或确有困难的老年人，提供定期体检、上门巡诊、家庭病床、社区护理、健康管理等基本服务。推进基层医疗卫生机构和医务人员与社区、居家养老结合，与老年人家庭建立签约服务关系，为老年人提供连续性的健康管理服务和医疗服务。提高基层医疗卫生机构为居家老年人提供上门服务的能力，规范为居家老年人提供的医疗和护理服务项目，将符合规定的医疗费用纳入医保支付范围”。

2016 年 4 月 1 日，国家卫生计生委办公厅发布《关于印发医养结合重点任务分工方案的通知》（国卫办家庭发〔2016〕340 号），在医养结合工作重点任务分工方案中明确了各个部门的工作任务，“鼓励养老机构与周边的医疗卫生机构开展多种形式的协议合作，建立健全协作机制，本着互利互惠原则，明确双方责任义务”，“提高基层医疗卫生机构为居家老年人提供上门服务的能力，规范为居家老年人提供的医疗和护理服务项目，符合规定的医疗费用纳入医保支付范围”，“做好入住医养结合机构和接受居家医养服务老年人的合法权益保障工作”。

2016 年 4 月 8 日，民政部、卫生计生委发布《关于做好医养结合服务机构许可工作的通知》（民发〔2016〕52 号），该通知明确提出：“申办人拟举办医养结合服务机构的，民政、卫生计生部门应当在接到申请后，按照首接责任制原则，及时根据各自职责办理审批，不得将彼此审批事项互为审批前置条件，不得互相推诿。各地民政、卫生计生部门应当根据申办人的需要和条件，在设立条件、提交材料、建设标准、服务规范等方面，为医养结合机构申办人提供咨询和指导，减少繁文缛节，提高办事效率。”

2016 年 5 月 17 日，国家卫生计生委办公厅、民政部办公厅发布《关于遴选国家级医养结合试点单位的通知》（国卫办家庭函〔2016〕511 号），在工作目标方面提出：“通过开展医养结合工作试点，促进试点地区先行先试，积极探索，率先构建起覆盖城乡、规模适宜、功能合理、综合连续的医养结合服务网络，探索建立符合国情的医养结合体制机制，出台一批可持续、可复制的体制机制和创新成果，创新医养结合管理机制和服务模式，为全国医养结合工作提供示范经验。”

2016 年 6 月 6 日，国家卫生计生委等 7 部门发布《关于印发推进家庭医生签约服务指导意见的通知》（国医改办发〔2016〕1 号），在主要目标方面明确提出：“2016 年，在 200 个公立医院综合改革试点城市开展家庭医生签约服务，鼓励其他有条件的地区积极开展试点。重点在签约服务的方式、内容、收付费、考核、激励机制等方面实现突破，优先覆盖老年人、孕产妇、儿童、残疾人等人群，以及高血压、糖尿病、结核病等慢性疾病和严重精神障碍患者等。”

2016 年 6 月 16 日，国家卫生计生委和民政部办公厅发布《关于确定第一批国家级医养结合试点单位的通知》（国卫办家庭函〔2016〕644 号），确定北京市东城区等 50 个市（区）作为第一批国家级医养结合试点单位。2016 年 9 月 14 日，国家卫生计生委和民政部办公厅发布《关于确定第二批国家级医养结合试点单位的通知》（国卫办家庭函〔2016〕1004 号），确定北京市朝阳区等 40 个市（区）作为第二批国家级医养结合试点单位。两份通知均提出：“各试点单位要结合实际，统筹各方资源，全面落实医养结合工作重点任务；要在各省级卫生计生和民政部门的指导下，制定年度工作计划，建立部门协作、经费保障和人员保障机制，加强管理，确保试点取得积极进展，收到良好社会效果。各省（区、市）要积极探索地方医养结合的不同模式，并积极协调解决存在的困难和问题。”

2016 年 6 月 27 日，人力资源和社会保障部办公厅发布《关于开展长期护理保险制度试点的指导意见》（人社厅发〔2016〕80 号），其中明确提出：“探索建立长期护理保险制度，是应对人口老龄化、促进社会经济发展的战略举措，是实现共享发展改革成果的重大民生工程，是健全社会保障体系的重要制度安排。”在配套措施方面明确提出，“探索建立多层次长期护理保障制度。积极引导发挥社会救助、商业保险、慈善事业等的有益补充，解决不同层面护理需求。鼓励探索老年护理补贴制度，保障特定贫困老年人长期护理需求。鼓励商业保险公司开发适销对路的保险产品和服务，发展与长期护理社会保险相衔接的商业护理保险，满足多样化、多层次的长期护理保障需求。”

2016 年 7 月 13 日，民政部、财政部发布《关于中央财政支持开展居家和社区养老服务改革试点工作的通知》（民函〔2016〕200 号），其中明确提出，在重点支持领域“支持采取多种有效方式，积极推进医养结合，使老年人在居家和社区获得方便、快捷、适宜的医疗卫生服务”。

2016 年 10 月 25 日，中共中央、国务院正式发布《“健康中国”2030 规划纲要》，在加强重点人群健康服务中提出：“促进健康老龄化。推进老年医疗卫生服务体系建设，推动医疗卫生服务延伸至社区、家庭。健全医疗卫生机构与养老机构合作机制，支持养老机构开展医疗服务。推进中医药与养老融合发展，推动医养结合，为老年人提供治疗期住院、康复期护理、稳定期生活照料、安宁疗护一体化的健康和养老服务，促进慢性病全程防治管理服务同居家、社区、机构养老紧密结合。鼓励社会力量兴办医养结合机构。加强老年常见病、慢性病的健康指导和综合干预，强化老年人健康管理。推动开展老年心理健康与关怀服务，加强老年痴呆症等的有效干预。推动居家老人长期照护服务发展，全面建立经济困难的高龄、失能老人补贴制度，建立多层次长期护理保障制度。进一步完善政策，使老年人更便捷获得基本药物。”

2016 年 11 月 18 日，国家卫生计生委发布《关于印发全国护理事业发展规划（2016—2020 年）的通知》（国卫医发〔2016〕64 号），老年护理服务发展工程被列为重大工程项目，该通知明确提出：“‘十三五’期间，大力发展老年护理服务事业，全面提升老年护理服务能力。加强老年护理服务、医养结合及安宁疗护机构能力建设，不断完善相关服务指南和规范，进一步规范护理服务行为。加大人才培养力度，切实提升老年护理服务水平。”在加快推进医养结合计划方面提出：“按照《关于推进医疗卫生与养老服务相结合指导意见》有关要求，支持有条件的地区加强医疗机构和养老机构等合作，开展多种形式的医养结合，满足老年人健康需求。”

2016 年 12 月 7 日，国务院办公厅发布《关于全面放开养老服务市场提升养老服务质量的若干意见》（国办发〔2016〕91 号），在全力建设优质养老服务供给体系方面明确提出：“建立医养结合绿色通道……鼓励符合条件的执业医师到养老机构、社区老年照料机构内设的医疗卫生机构多点执业。开通预约就诊绿色通道，推进养老服务机构、社区老年照料机构与医疗机构对接，为老年人提供便捷医疗服务。提升医保经办服务能力，切实解决老年人异地就医直接结算问题。探索建立长期护理保险制度，形成多元化的保险筹资模式，推动解决失能人员基本生活照料和相关医疗护理等所需费用问题。”“提升养老服务人才素质。将养老护理员培训作为职业培训和促进就业的重要内容。对参加养老服务技能培训或创业培训且培训合格的劳动者，按规定给予培训补贴。推动普通高校和职业院校开发养老服务和老年教育课程，为社区、老年教育机构及养老服务机构等提供教学资源及服务。完善职业技能等级与养老服务人员薪酬待遇挂钩机制。建立养老服务行业从业人员奖惩机制，提升养老护理队伍职业道德素养。将养老护理员纳入企业新型学徒制试点和城市积分入户政策范围。积极开发老年人力资源，为老年人的家庭成员提供养老服务培训，倡导‘互助养老’模式。”

2017 年 2 月 28 日，国务院发布《关于印发“十三五”国家老龄事业发展和养老体系建设规划的通知》（国发〔2017〕13 号），在健全健康支持体系中的推进医养结合方面明确提出：“完善医养结合机制。统筹落实好医养结合优惠扶持政策，深入开展医养结合试点，建立健全医疗卫生机构与养老机构合作机制，建立养老机构内设医疗机构与合作医院间双向转诊绿色通道，为老年人提供治疗期住院、康复期护理、稳定期生活照料以及临终关怀一体化服务。大力开发中医药与养老服务相结合的系列服务产品，鼓励社会力量举办以中医药健康养老为主的护理院、疗养院，建设一批中医药特色医养结合示范基地。支持养老机构开展医疗服务。支持养老机构按规定开办康复医院、护理院、临终关怀机构和医务室、护理站等。鼓励执业医师到养老机构设置的医疗机构多点执业，支持有相关专业特长的医师及专业人员在养老机构开展疾病预防、营养、中医养生等非诊疗性健康服务。对养老机构设置的医疗机构，符合条件的按规定纳入基本医疗保险定点范围。”在保障老年人合法权益方面，完善老龄事业法规政策体系、健全老年人权益保障机制、加大普法宣传教育力度。“扩大老年人法律援助范围，拓展基层服务网络，推进法律援助工作站点向城市社区和农村延伸，方便老年人及时就近寻求法律帮助。”

2017 年 3 月 9 日，国家卫生计生委等 13 部门发布《“十三五”健康老龄化规划》，该规划主要任务之一就是积极推动医养结合服务，提高社会资源的配置和利用效率，其中明确提出：“大力发展医养结合服务。建立健全医疗卫生机构与养老机构合作机制，鼓励多种形式的签约服务、协议合作。支持有条件的养老机构按相关规定申请开办康复医院、护理院、中医医院、安宁疗护机构或医务室、护理站等，重点为失能、失智老人提供所需的医疗护理和生活照护服务。公立医院资源丰富的地区可积极稳妥地将部分公立医院转为老年康复、老年护理等机构。推进医疗卫生服务延伸至社区、家庭。推进基层医疗卫生机构和医务人员与居家老人建立签约服务关系，为老年人提供连续性的健康管理和医疗服务。提高基层医疗卫生机构为居家老人提供上门服务的能力。鼓励社会力量以多种形式开展医养结合服务。研究出台老年人健康分级标准，健全相关服务规范、管理标准及监督评价机制，研发相应的质量管理办法。”“推动居家老年人长期照护服务的发展。强化基层医疗卫生服务网络功能，积极推广家庭医生签约服务，为老年人提供综合、连续、协同、规范的基本医疗和公共卫生服务。充分利用社区卫生服务体系，培育社会护理人员队伍，为居家老年人提供长期照护服务，为家庭成员提供照护培训，探索建立从居家、社区到专业机构的比较健全的长期照护服务供给体系。”“加强老年健康相关科研工作。开展大型队列研究，研究判定与预测老年健康的指标、标准与方法，研发可穿戴老年人健康支持技术和设备。探索老年综合征和共病的发病过程与规律，研发综合防治适宜技术、指南和规范，构建老年健康管理网络。”

2017 年 5 月 4 日，国家卫生计生委发布《关于做实做好 2017 年家庭医生签约服务工作的通知》（国卫基层函〔2017〕164 号），其中明确提出：“2017 年，以省（区、市）为单位要在 85%以上的地市开展家庭医生签约服务工作，签约服务人群覆盖率达到 30%以上，老年人、孕产妇、儿童、残疾人以及高血压、糖尿病、结核病等慢性疾病和严重精神障碍患者等重点人群签约服务覆盖率达到 60%以上。”“各地要根据服务能力和需求，合理设定包含基本医疗和公共卫生服务在内的基础性签约服务包，内容应当包括：建立电子健康档案、优先预约就诊、转诊绿色通道、慢性病长处方、健康教育和健康促进、预防接种、重点疾病健康管理以及儿童、老年人、孕产妇重点人群健康管理等服务，满足居民基本健康服务需求。”

2017 年 5 月 5 日，国务院办公厅发布《关于印发深化医药卫生体制改革 2017 年重点工作任务的通知》（国办发〔2017〕37 号），在推动落实的重点工作方面明确提出：“继续推动国家级医养结合试点工作，推进社区居家层面医养结合。启动中医药健康养老工作。推动健康和相关行业融合发展，推进健康医疗旅游示范基地建设。”

2017 年 5 月 23 日，国务院办公厅发布《关于支持社会力量提供多层次多样化医疗服务的意见》（国办发〔2017〕44 号），其中明确提出：“推动发展多业态融合服务。促进医疗与养老融合，支持社会办医疗机构为老年人家庭提供签约医疗服务，建立健全与养老机构合作机制，兴办医养结合机构。”

2017 年 6 月 6 日，国务院办公厅发布《关于制定和实施老年人照顾服务项目的意见》（国办发〔2017〕52 号），其中明确提出：“加大推进医养结合力度，鼓励医疗卫生机构与养老服务融合发展，逐步建立完善医疗卫生机构与养老机构的业务合作机制，倡导社会力量兴办医养结合机构，鼓励有条件的医院为社区失能老年人设立家庭病床，建立巡诊制度。”

2018 年 4 月 2 日，国家卫生健康委员会办公厅发布《关于做好 2018 年家庭医生签约服务工作的通知》（国卫办基层函〔2018〕209 号），其中明确提出：“优先做好重点人群签约服务。要按照服务规范要求，做好老年人、孕产妇、儿童以及高血压、糖尿病、结核病等慢性病和严重精神障碍患者的健康管理服务，加强防治结合，分类施策，保障基本医疗卫生服务需要。落实健康扶贫‘三个一批’要求，优先推进贫困人口签约，核实核准农村贫困慢病患者，有条件地区设计个性化签约服务包。结合实际为残疾人提供基本医疗卫生服务，鼓励有条件地区将基本康复服务纳入个性化签约范围。继续做好计划生育特殊家庭成员签约服务工作。”“开展个性化签约服务。提供包括健康咨询、评估、行为干预、用药指导等个性化服务。结合实际鼓励开展‘菜单式’服务，提高签约服务精准性。积极支持家庭医生团队为企事业单位、养老院、学校等功能社区提供签约服务。在政策、技术、医疗安全保障到位的前提下，明确上门服务项目清单，完善服务标准和规范。”

2018 年 6 月 21 日 ，国家卫生健康委员会等 11 部门发布《关于印发促进护理服务业改革与发展指导意见的通知》（国卫医发〔2018〕20 号），其中明确提出：“健全健康养老服务网络。鼓励有条件的地区统筹整合医疗、护理、康复和养老服务资源，逐步形成有序共享、功能合理的健康养老服务网络。鼓励二级以上医院与养老机构建立合作机制，接续性医疗机构、基层医疗机构实现与养老机构的紧密对接，为老年人提供护理、康复、慢病管理、中医保健等服务。支持有条件的养老机构，按规定举办医务室、护理站等，为老年人提供基本医疗护理服务。”

2018 年 12 月 29 日，全国人民代表大会常务委员会发布《中华人民共和国老年人权益保障法》（最新修订版），中华人民共和国主席令（第二十四号）第三十七条明确规定：“地方各级人民政府和有关部门应当采取措施，发展城乡社区养老服务，鼓励、扶持专业服务机构及其他组织和个人，为居家的老年人提供生活照料、紧急救援、医疗护理、精神慰藉、心理咨询等多种形式的服务。对经济困难的老年人，地方各级人民政府应当逐步给予养老服务补贴。”第三十八条明确规定：“地方各级人民政府和有关部门、基层群众性自治组织，应当将养老服务设施纳入城乡社区配套设施建设规划，建立适应老年人需要的生活服务、文化体育活动、日间照料、疾病护理与康复等服务设施和网点，就近为老年人提供服务。发扬邻里互助的传统，提倡邻里间关心、帮助有困难的老年人。鼓励慈善组织、志愿者为老年人服务。倡导老年人互助服务。”

2019 年 2 月 12 日，国家卫生健康委办公厅发布《关于开展“互联网+护理服务”试点工作的通知》（国卫办医函〔2019〕80 号），该工作方案提出：“明确‘互联网+护理服务’服务对象。重点对高龄或失能老年人、康复期患者和终末期患者等行动不便的人群，提供慢病管理、康复护理、专项护理、健康教育、安宁疗护等方面的护理服务。”

2019 年 2 月 27 日，国家卫生健康委办公厅发布《关于开展社区医院建设试点工作的通知》（国卫办基层函〔2019〕210 号），该通知明确提出：“社区医院主要以老年、康复、护理、安宁疗护床位为主，鼓励有条件的设置内科、外科、妇科、儿科等床位，开设家庭病床，不断提高病床使用效率。”

2019 年 3 月 29 日，国务院办公厅发布《关于推进养老服务发展的意见》（国办发〔2019〕5 号），在促进养老服务高质量发展方面提出：“提升医养结合服务能力。促进现有医疗卫生机构和养老机构合作，发挥互补优势，简化医养结合机构设立流程，实行‘一个窗口’办理。对养老机构内设诊所、卫生所（室）、医务室、护理站，取消行政审批，实行备案管理。开展区域卫生规划时要为养老机构举办或内设医疗机构留出空间。医疗保障部门要根据养老机构举办和内设医疗机构特点，将符合条件的按规定纳入医保协议管理范围，完善协议管理规定，依法严格监管。具备法人资格的医疗机构可通过变更登记事项或经营范围开展养老服务。”

2019 年 5 月 27 日，国家卫生健康委等四部门发布《关于做好医养结合机构审批登记工作的通知》（国卫办老龄发〔2019〕17 号），推动深化医疗和养老服务“放管服”改革，优化医养结合机构审批流程和环境。各地卫生健康、民政部门应当根据医养结合机构申办人的需要和条件，在审批备案事项及流程、受理条件、材料清单、办理时限等方面，为其提供准确、详细的政策解释和业务指导。养老机构申请内部设置诊所、卫生所（室）、医务室、护理站的，向所在地的县级卫生健康行政部门备案。社会力量举办的非营利性医疗机构申请设立养老机构的，应当依法向县级以上民政部门备案。养老机构设立许可取消及内设医疗机构实行备案制后，要加强事中事后监管。

2019 年 7 月 25 日，国家卫生健康委等三部门发布《关于开展老年护理需求评估和规范服务工作的通知》（国卫医发〔2019〕48 号），明确各地相关医院、护理院、护理中心、康复医疗中心、社区卫生服务中心、乡镇卫生院等医疗机构对拟提供护理服务的 60 周岁及以上老年人，参照《老年人能力评估标准表（试行）》（包括老年人日常生活活动能力、精神状态与社会参与能力、感知觉与沟通能力评分情况）和《老年综合征罹患情况（试行）》，开展老年护理需求评估工作，根据评估情况确定评估结果，并填写《护理服务需求评定表（试行）》。护理服务类型主要包括机构护理、社区护理和居家护理 3 种类型。老年患者护理需求分为 5 个等级，护理 0 级（能力完好）、护理 1 级（轻度失能）、护理 2 级（中度失能）、护理 3 级（重度失能）、护理 4 级（极重度失能）。

2019 年 9 月 20 日，民政部发布《关于进一步扩大养老服务供给 促进养老服务消费的实施意见》（民发〔2019〕88 号），明确支持专业化、医养结合能力突出的养老服务机构设施建设。依托社区养老服务设施，在街道层面建设具备全托、日托、上门服务、对下指导等综合功能的社区养老服务机构，在社区层面建立嵌入式养老服务机构或日间照料中心，为老年人提供生活照料、助餐助行、紧急救援、精神慰藉等服务。大力发展老年人急需的助餐、助浴、助急、助医、助行、助洁等服务。到 2022 年，力争所有街道至少建有一个具备综合功能的社区养老服务机构，养老机构护理型床位占比不低于50%。探索设立“家庭照护床位”，完善相关服务、管理、技术等规范以及建设和运营政策，健全上门照护的服务标准与合同范本，让居家老年人享受连续、稳定、专业的养老服务。

2019年10月23日，国家卫生健康委、民政部等12部门发布《关于深入推进医养结合发展的若干意见》（国卫老龄发〔2019〕60号），明确强化医疗卫生与养老服务衔接。制定医养签约服务规范，鼓励养老机构与周边的医疗卫生机构开展多种形式的签约合作。实施社区医养结合能力提升工程，社区卫生服务机构、乡镇卫生院或社区养老机构、敬老院利用现有资源，内部改扩建一批社区（乡镇）医养结合服务设施，重点为社区（乡镇）失能失智老年人提供集中或居家医养结合服务。充分利用现有健康、养老等信息平台，打造覆盖家庭、社区和机构的智慧健康养老服务网络，推动老年人的健康和养老信息共享、深度开发和合理利用。推进“放管服”改革，加强医养结合服务监管。加大政府支持力度，优化保障政策。研究出台上门医疗卫生服务的内容、标准、规范，完善上门医疗服务收费政策，为开展上门服务提供保障。加强队伍建设，支持医务人员到医养结合机构执业。

2019年10月25日，民政部发布《关于印发〈养老服务市场失信联合惩戒对象名单管理办法（试行）〉的通知》，规范养老服务市场秩序，加快养老服务领域信用体系建设。民政部依托“金民工程”建立全国统一的联合惩戒对象名单管理系统，将严重违法失信的养老服务机构和从业人员列入联合惩戒对象名单，在一定期限内向社会公布，实施信用约束、联合惩戒等措施。针对养老服务机构和从业人员存在违反承诺或强制性国家标准，以及出现失信行为的情况，地方民政部门将其列入本辖区重点关注对象名单。

2019年10月28日，国家卫生健康委、民政部等八部门发布《关于建立完善老年健康服务体系的指导意见》（国卫老龄发〔2019〕61号），提出到2022年，老年健康相关制度、标准、规范基本建立，综合连续、覆盖城乡的老年健康服务体系基本建立。探索建立从居家、社区到专业机构的失能老年人长期照护服务模式。实施基本公共卫生服务项目，为失能老年人上门开展健康评估和健康服务。通过政府购买服务等方式，支持社区嵌入式为老服务机构发展。依托护理院（站）、护理中心、社区卫生服务中心、乡镇卫生院等医疗卫生机构以及具备提供长期照护服务能力的社区日间照料中心、乡镇敬老院等养老机构，为失能老年人提供长期照护服务。进一步开展职业技能培训和就业指导服务，充实长期照护服务队伍。

2019 年 10 月 31 日，《中共中央关于坚持和完善中国特色社会主义制度、推进国家治理体系和治理能力现代化若干重大问题的决定》由中国共产党第十九届中央委员会第四次全体会议表决通过。决定提出，健全幼有所育、学有所教、劳有所得、病有所医、老有所养、住有所居、弱有所扶等方面国家基本公共服务制度体系，尽力而为，量力而行，注重加强普惠性、基础性、兜底性民生建设，保障群众基本生活。创新公共服务提供方式，鼓励支持社会力量兴办公益事业，满足人民多层次多样化需求，使改革发展成果更多更公平惠及全体人民。积极应对人口老龄化，加快建设居家社区机构相协调、医养康养相结合的养老服务体系。

2019 年 12 月 31 日，民政部发布《关于加快建立全国统一养老机构等级评定体系的指导意见》（民发〔2019〕137 号），强化监督管理，健全养老机构质量和安全保障长效机制。到 2022 年，全国统一的养老机构等级评定体系基本建立，养老机构服务质量有新提升。省级民政部门负责统筹确定本行政区域养老机构等级评定组织，或者面向社会公开选定第三方评定组织，合理设定各级评定组织职责权限，加强对评定组织和人员的培训。制定完善养老机构等级评定程序，细化具体标准和评定方法，全面推进全流程公开。要将养老机构等级评定工作纳入日常监管范围，强化程序和实体监督，做到可回溯管理，推动形成民政部门行业监管、评定组织内部约束、社会广泛监督的监管格局。

2020 年 7 月 27 日，民政部等六部门发布《关于规范养老机构服务行为 做好服务纠纷处理工作的意见》，积极应对当前养老机构与老年人之间服务纠纷增多问题，推进矛盾纠纷及时高效化解，保障老年人身体健康和生命财产安全，维护养老机构合法权益和正常服务秩序。意见提出，加强养老机构内部管理，规范服务纠纷处理程序，引导当事人自愿协商解决纠纷，运用调解等方式化解纠纷，依法裁判服务纠纷案件，依法打击违法犯罪行为，建立部门协作工作格局和营造依法解决服务纠纷的社会氛围。

二、标准节选

2013 年 6 月 28 日，民政部发布《养老机构管理办法》（中华人民共和国民政部令第 49 号），第十三条提出："养老机构应当建立入院评估制度，做好老年人健康状况评估，并根据服务协议和老年人的生活自理能力，实施分级分类服务。养老机构应当为老年人建立健康档案，组织定期体检，做好疾病预防工作。养老机构可以通过设立医疗机构或者采取与周边医疗机构合作的方式，为老年人提供医疗服务。养老机构设立医疗机构的，应当依法取得医疗机构执业许可证，按照医疗机构管理相关法律法规进行管理。"第十四条提出："养老机构在老年人突发危重疾病时，应当及时通知代理人或者经常联系人并转送医疗机构救治；发现老年人为疑似传染病病人或者精神障碍患者时，应当依照传染病防治、精神卫生等相关法律法规的规定处理。"

2013 年 8 月 29 日，民政部发布《老年人能力评估标准》（GB/T 039-2013），其明确要求："一级指标共 4 个，包括日常生活活动、精神状态、感知觉与沟通、社会参与。二级指标共 22 个，日常生活活动包括 10 个二级指标，精神状态包括 3 个二级指标，感知觉与沟通包括 4 个二级指标，社会参与包括 5 个二级指标。"在评估提供方方面要求："评估机构应获得民政部门的资格认证或委托，至少应有 5 名评估员。评估员应具有医学或护理学学历背景，或获得社会工作者资格证书，或获得高级养老护理员资格证书，并经过专门培训获得评估员资格认证。"

2017 年 12 月 29 日，国家质检总局、国家标准委发布《养老机构服务质量基本规范》（GB/T 35796-2017），在老年护理服务方面提出："通过护理干预，对老年人提供连续、综合的健康及医疗照护的活动。"在协助医疗护理服务方面提出："协助老年人完成医疗护理辅助工作的活动。"在医疗服务方面提出："为老年人提供基本医疗、预防和保健的活动。"在康复保健服务方面提出："通过各种有效措施，消除或减轻老年人身心、社会功能障碍，达到和保持生理、感官、智力、精神和社会功能的活动。"在委托服务方面提出："受老年人及家属办理托付事项的活动。"在安宁服务方面提出："为临终老年人提供姑息治疗、护理、生活照料、社会工作、心理慰藉、伦理支持、后事处理及对家属的心理抚慰和精神支持的活动。"

在基本要求方面提出："养老机构应持有养老机构设立许可证书、食品经营许可证书。内设医疗机构时，应持有医疗机构许可证书。""应由取得医疗机构执业许可证的内设医疗机构或委托其他医疗机构承担。服务人员应为具有医学相关专业知识的医务人员。养老机构内设医疗机构的，应按照医疗机构设置要求配备医疗设施与设备。应为老年人开展健康体检，每年至少 1 次。应做好老年人疾病防控工作，为老年人开展卫生知识宣教，每月至少 1 次。应做好老年人慢病管理工作，对患有心脑血管病、慢性呼吸疾病、糖尿病与代谢性疾病等慢性疾病的老年人做好健康咨询及用药指导。"

2018 年 12 月 28 日，国家质检总局、国家标准委发布《养老机构等级划分与评定》（GB/T 37276-2018），其中提出养老机构的运营管理与服务需要满足"建立老年人入住档案和健康档案"，"组织老年人开展健康体检，每年不少于 1 次"。医疗护理服务在总服务中占 60 分，优秀 43—60 分，良好 25—42 分，一般 7—24 分，较差 0—6 分。

2019 年 9 月 25 日，人力资源社会保障部、民政部联合颁布《养老护理员国家职业技能标准（2019 年版）》，提出开展养老服务人才培训提升行动，确保到 2022 年底前培养培训 200 万名养老护理员。放宽了养老护理员入职条件，将从业人员的"普通受教育程度"由"初中毕业"调整为"无学历要求"，明确未取得小学毕业证书的考生，理论知识考试可采用口试的方式。在各职业等级中新增养老护理员在居家、社区养老服务中应具备的技能要求；关注失智老年人照护需求，将"失智照护"分层次纳入各职业等级的工作内容和技能要求；根据地方积极探索"养老顾问"服务等实践，新增"能力评估"和"质量管理"等两项职业技能。拓宽了养老护理员职业发展空间，缩短了职业技能等级的晋升时间。

2019 年 12 月 23 日，国家卫生健康委、民政部等发布了《关于印发医养结合机构服务指南（试行）的通知》（国卫办老龄发〔2019〕24 号），规范医养结合机构服务内容，提高医养结合机构服务质量。主要包括三个方面内容：一是明确对医养结合机构的基本要求，包括机构设置、科室设置、人员配备、设施设备配备、药品配备、服务人员资质、环境等要求和参考标准。二是明确医养结合机构服务内容与要求，对基本服务、医疗服务、中医药服务、护理服务、康复服务、辅助服务、心理精神支持服务、失智老年人服务等明确了服务内容和服务规范。三是明确医养结合机构服务流程与要求，包括服务接待、老年人入院体检、老年护理需求评估、老年人能力评估、中医评估（具备中医服务资质的机构）、制订服务计划、签订服务协议、建立服务档案、提供医养结合服务等流程。

2019 年 12 月 27 日，国家市场监督管理总局、国家标准化管理委员会发布《养老机构服务安全基本规范》（GB38600-2019）强制性国家标准。这是我国养老服务领域第一项强制性国家标准，明确了养老机构服务安全“红线”。其中基本要求、安全风险评估、服务防护和管理要求构成标准主体部分。在基本要求中，明确养老机构应符合消防、卫生与健康、环境保护、食品药品、建筑、设施设备标准中的强制性规定及要求。同时，对养老护理员培训、建立昼夜巡查和交接班制度等基础性工作提出了要求；在安全风险评估中，明确老年人入住养老机构前进行服务安全风险评估，并提出了服务安全风险评估范围应包括噎食、食品药品误食、压疮、烫伤、坠床、跌倒、他伤和自伤、走失、文娱活动意外等 9 个方面内容；在服务防护中，对 9 类养老服务安全风险提出了针对性的预防和处置措施，目的在于最大限度地保护老年人人身健康和生命安全。

附录三

“接受居家医养服务老年人权益保障工作研究”调研问卷

调查对象类别：老年人

尊敬的先生/女士：

您好！感谢您参加本次调查活动。本次调查旨在了解老年人接受居家医养服务情况，为更好制定保障老年人和服务机构合法权益的有关政策提供科学依据。衷心希望了解您的真实想法和宝贵意见，我们将对问卷内容严格保密！

1. 您的年龄属于［单选题］

○60 岁以下

○60—69 岁

○70—79 岁

○80—89 岁

○90—99 岁

○100 岁以上

2. 您的户籍类型属于［单选题］

○城镇

○农村

3. 您的月收入为［单选题］

○1999 元以下

○2000—2999 元

○3000—3999 元

○4000—4999 元

○5000—5999 元

○6000 元以上

4. 您的收入来源为［多选题］

□退休金

□子女赡养

□配偶支持

□退休后再就业

□地方政府或社区

□其他________________________________

5. 您的子女状况为［单选题］

○1 个

○2 个

○3 个及以上

○无

6. 您的居住状况为［单选题］

○独自居住

○夫妇同住

○与子女同住

○入住养老机构

○与其他人同住

7. 您每月的医疗支出占总收入比例［单选题］

○10%（不含）以下

○10%—20%（不含）

○20%—30%（不含）

○30%—50%（不含）

○50%—100%（不含）

○100%以上

8. 您享受的保险类型为［单选题］

○城乡居民基本医疗保险

○公费医疗

○商业保险

○无保险

○其他________________________________

9. 您是否参加过老年人生活自理能力评估［单选题］

○是

○否

10. 您的生活自理能力评估等级为［单选题］

○可自理

○轻度依赖

○中度依赖

○不能自理

11. 您所在的街道/社区每年是否为您提供免费的健康管理服务（生活方式和健康状况评估、体格检查、辅助检查和健康指导）［单选题］

○是

○否

12. 您目前享受过哪些居家医养服务［多选题］

□康复治疗

□陪同就医

□家庭医生

□日常巡诊

□上门助餐

□上门护理

□精神慰藉

□协助外出

□助浴服务

□其他________________________________

13. 据您了解身边有无老年人与医养服务人员产生纠纷，如何解决［单选题］

○ 有过，双方口头和解

○ 有过，社区或其他人帮助协调解决

○ 有过，需要诉讼

○ 没有过

14. 目前您认为养老服务最大的困难在于［多选题］

□家庭照护人手不足

□家庭照护专业性不够

□日间照料中心（养老驿站）提供的服务与自己的需求不符

□孤独，缺乏情感支持

□医养服务无法使用医保

□上门护理意外风险比较高

□家属对助医服务不理解，缺乏信任

□其他________________________________

15. 您接受的居家医养服务是否能够享受医保或长期护理保险支付［单选题］

○是，享受医保

○是，享受长期护理保险

○否，自费

16. 目前您正在享受哪些津贴补贴政策［多选题］

□高龄老年人津贴

□养老服务补贴

□失能老年人护理补贴

□其他________________________________

17. 您认为日间照料中心（养老驿站）提供的哪些基本服务符合您的需要［多选题］

□日间照料

□呼叫服务

□助餐服务

□健康指导

□文化娱乐

□其他________________________________

18. 目前您还有那些居家医养服务需求没有被满足［多选题］

□家庭病床服务

□巡诊服务

□基本公共医疗服务，如建立健康档案、健康指导等

□就医绿色通道

□陪同就医

□按摩理疗

□其他________________________________

“接受居家医养服务老年人权益保障工作研究”调研问卷

调查对象类别：养老服务机构和医疗卫生机构

尊敬的先生/女士：

您好！感谢您参加本次调查活动。本次调查旨在了解老年人接受居家医养服务和养老服务/医疗卫生机构提供医养服务情况，为更好制定保障老年人和服务机构合法权益的有关政策提供科学依据。衷心希望了解您的真实想法和宝贵意见，我们将对问卷内容严格保密！

一、个人基本情况

1. 您的性别为［单选题］

○男

○女

2. 您的年龄为［单选题］

○20—29岁

○30—39岁

○40—49岁

○50—59岁

○60岁以上

3. 您的职务为［单选题］

○养老机构院长（副院长）

○护理部主任

○居家养老组织或机构负责人

○医师

○护士

○康复治疗师

○社会工作者

○养老护理员

○其他________________________________

4. 您的从业时间为［单选题］

○1—2 年

○3—5 年

○6—10 年

○10 年以上

二、机构及提供服务情况

5. 您所在的机构地址为［填空题］

省份________市级________县（县级市、区）________

6. 您所在的机构类型为［多选题］

□二级及以上医院

□社区卫生服务中心（站）

□乡镇卫生院

□村卫生室

□养老机构

□护理院

□日间照料中心、养老驿站等

□临终关怀机构

□其他________________________________

7. 您所在的机构提供哪些居家医养服务［多选题］

□基本公共医疗服务，如健康管理、健康指导等

□家庭病床服务

□巡诊服务

□为老人提供就医绿色通道

□陪同就医

□康复治疗

□入户家政

□上门护理，如插胃管、插尿管、定期上门采血等

□互联网+医疗监测

□其他________________________________

8. 您所在的机构为签约家庭医生的老年人提供哪些服务［多选题］

□基本医疗服务

□公共卫生服务，包括基本公共卫生服务和重大公共卫生服务

□签约健康管理服务

□签约家庭康复指导和用药指导等健康教育与咨询服务

□签约诊疗服务

□签约预约服务

□签约转诊服务

□家庭病床服务

□其他________________________________

9. 您所在的机构对哪些老年人提供居家医养服务［多选题］

□可自理

□轻度依赖

□中度依赖

□不能自理

10. 您所在的机构提供居家医养服务过程中有无和老年人或第三方产生纠纷，如何解决［多选题］

□有过，私下和解

□有过，社区或其他人帮助调解

□有过，通过法律渠道解决

□从未发生过

□其他__________

11. 您认为产生居家医养服务纠纷的风险点有哪些［多选题］

□家庭环境无菌消毒条件不满足，配液、插管等操作出现意外风险概率大

□老年人对居家助医缺乏信任

□居家医养服务法律规范和保险机制不健全

□陪同就医缺乏第三方保障（法律保障）

□上门服务前缺乏对老年人基本情况的评估

□上门服务后老年人出现跌倒等意外情况

□无餐饮服务许可证和送餐许可

□其他________________________________

12. 您认为目前提供居家医养服务最大的难点在于［多选题］

□出诊费、查床费等政策规定陈旧，与现状脱节

□医生/护士上门服务时携带设备不便，老旧小区开展服务难

□老年人及家属对助医不信任，有些甚至拒绝政府无偿提供的购买服务项目

□医疗保险机制不健全，医责险比例范围不合理

□家庭病床医保拒付比例高

□人员紧张，家庭医生签约服务难以有效开展

□代开药/陪同就医等政府补贴不落实

□居家医养服务成本高、需求大，但老年人自付意愿低

□政府对居家医养服务宣传不到位

□服务方式和设备比较传统，先进技术应用不够

□居家医养服务缺乏相关法律法规和统一的规范

□门诊医保限额无法满足老年人长期护理康复需要

□民办机构水电气热等无法享受民用价格

□上门输液等操作要求注射后观察 15 分钟后医护人员可以离开，但后续发生意外无法持续关注

□其他________________________________

13. 为解决以上医养结合问题，您觉得最可行的做法是［多选题］

□建立健全风险补贴保障机制，建立合理的医疗保险赔付比例标准

□加强对居家医养服务的有效宣传

□根据实际情况及时调整修订相关政策措施，逐步制定统一规范或法规

□依据风险评估测算成本，出台相关补贴政策

□加强医护人才建设，建立综合性的补贴激励机制

□加强卫健医保等部门联动监管和签约家庭病床等有关业务培训

□建立统一的居家医养服务老年人评估机制

□逐步建立完善的居家医养法律服务体系

□针对不同服务类型给予一定的补贴，撬动老年人购买意愿

□其他 ________________________________

参考文献

[1] CQC. (2014). "How to complain about a health or social care service".

[2] LGO. "How to complain". http://www.lgo.org.uk/make-a-complaint.

[3] Healthwatch. http://www.healthwatch.co.uk.

[4] RELRES. http://www.relres.org.

[5] MARSH. (2012). "Comparison of the NHS Litigation Authority and the commercial insurance market: Briefing paper".

[6] NHS Resolution. (2017). "Annual report and accounts 2016/2017".

[7] LongTermCare.gov. "Where can you receive care?". https://longtermcare.acl.gov/the-basics/where-can-you-receive-care.html.

[8] Medicare. "State websites and contact information". https://www.medicare.gov/NursingHomeCompare/Resources/State-Websites.html.

[9] The National Long-Term Care Ombudsman Resource Centre. "About NORC". http://ltcombudsman.org/about.

[10] Medicare. "Residentrights". https://www.medicare.gov/NursingHomeCompare/Resources/Resident-Rights.html.

[11] American Arbitration Association, American Bar Association, American Medical Association, and Commission on Health Care Dispute Resolution. (1998). "Healthcare Due Process Protocol, Final Report".

[12] 杨自根，张新华，汪丽青．国内外医疗纠纷非诉讼解决机制的比较研究．健康研究，2010（3）：183-186.

[13] National Adult Protective Services Association. "Get help". http://www.napsa-now.org/get-help/how-aps-helps/.

[14] Statistics Bureau in the Ministry of Internal Affairs and Communications. "Chapter 23 social security". http：//www. stat. go. jp/english/data/nenkan/1431-23e. htm.

[15] 郭红艳，王黎，彭嘉琳，谢红．日本养老机构服务质量评价研究进展及对我国的启示［J］．中国护理管理，2013（5）：99-102.

[16] http：//www. japaneselawtranslation. go. jp/law/detail_ main？ vm=&id=94.

[17] Centre for Policy on Ageing.（2016）．"Foresight future of an ageing population— international case studies. Case study 9：Long term care insurance in Japan".

[18] MHLW. "2. The Long-term care Insurance System". http：//www. mhlw. go. jp/english/topics/elderly/care/2. html.

[19] 丁英顺．日本老年福利设施的发展及启示［J］．东北亚学刊，2016（3）：59-64.

[20] Leflar，R. B.（2009）．"The Regulation of Medical Malpractice in Japan". Clinical Orthopaedics and Related Research，467（2）：443 - 449.

[21] Kinoshita，K.（2007）．"Professional liability insurance program of the Japan Medical Association". JMA Journal，50（5）：390-396.

[22] 徐喜荣．日本医师会医师责任保险制度及其启示［J］．中国卫生事业管理，2013（11）：835-837.

[23] 全国社会福祉协议会"第三者评价事业"官网：http：//shakyo-hyouka. net.

[24] 日本全国收费养老院协会官网：http：//www. yurokyo. or. jp.

[25] Ministry of Health. "Intermediate and long-term care（ILTC）services". https：//www. moh. gov. sg/content/moh_ web/home/our_ healthcare_ system/Healthcare_ Services/Intermediate_ And_ Long-Term_ Care_ Services. html.

[26] Nursing Home Standards Workgroup.（2014）．"Enhanced nursing home standards".

[27] Ministry of Health. "Inquiries and complaints guide". https：//www. moh. gov. sg/content/moh_ web/home/about-us/feedback/inquiries_

and_ complaintsguide. html.

[28] MOH Holdings. "Healthcare mediation scheme". http://www. mohh. com. sg/hms/index. html.

[29] Singapore Medical Council. "Submitting a complaint". http://www. healthprofessionals. gov. sg/content/hprof/smc/en/leftnav/information_for_ publicpatients/lodging_ complaint. html.

[30] Ageless Online. (2011). "Stop elderly abuse". http://www. agelessonline. net/544/stop-elderly-abuse/.

[31] 香港特别行政区政府社会福利署. "安老院舍照顾服务简介". http://www. swd. gov. hk/sc/index/site_ pubsvc/page_ elderly/sub_ residentia/id_ introducti/.

[32] "香港_ 安老服务统一评估机制". "安老服务统一评估机制" http://www. swd. gov. hk/ci/index/site_ pubsvc/page_ elderly/sub_ standardis/.

[33] "社会福利署长者资讯网"官网: http://www. elderlyinfo. swd. gov. hk.

[34] 香港特别行政区政府社会福利署. "在最近24个月被定罪的安老院的记录". http://www. swd. gov. hk/sc/index/site_ pubsvc/page_ lr/sub_ rche/id_ conviction/.

[35] 香港特别行政区政府社会福利署.《处理虐老个案程序指引》(2019年修订). http://www. swd. gov. hk/sc/index/site_ pubsvc/page_ elderly/id_ serabuseelder/.